I0089345

R
618

C. UFFREN
OFFICIER D'ACADÉMIE

Dialogues
Philosophiques

entre Métaphysicien et Matérialiste

« Et c'est une folie à nulle autre seconde,
« De vouloir se mêler de corriger le monde. »
MOLIÈRE (*Le Misanthrope.*)

EDITION DES « BÛCHERONS »
21, rue Baraillerie, à Avignon

1919

C. UFFREN

OFFICIER D'ACADÉMIE

Dialogues Philosophiques

entre Métaphysicien et Matérialiste

« Et c'est une folie à nulle autre seconde,
« De vouloir se mêler de corriger le monde. »

MOLIÈRE (*Le Misanthrope.*)

EDITION DES « BÛCHERONS »

21, rue Baraillerie, à Avignon

1919

8ᵉ R

29618

Iᵉʳ DIALOGUE

ENTRE MÉTAPHYSICIEN ET MATÉRIALISTE

Dieu, l'Homme et la Guerre

M. Méta. — Croyez-vous au libre arbitre de l'homme ?

M. Maté. — Qu'entendez-vous par là ?

— J'entends vous demander si vous vous croyez libre de vos actes, de vos paroles et de vos pensées. Bien entendu, je fais abstraction de toutes questions de service, rapports sociaux, convenances, etc... et, pour me faire mieux comprendre, je vous suppose un instant seul, tout seul ; vous avez devant vous du tabac, du papier à cigarettes et une pipe. Je le répète, vous êtes seul. Pouvez-vous à votre choix rouler une cigarette ou bourrer une pipe ?

— Sans doute !

— Bien. En ce moment, vous êtes à table. Vous avez en main une fourchette, tout à l'heure vous aviez un couteau, pourquoi ce changement ? L'avez-vous voulu, véritablement voulu ?

— Ce n'est certes pas vous qui l'avez voulu pour moi.

— Tous les soirs, après le dîner, vous êtes libre de sortir en ville ou d'aller vous coucher. S'il vous prend fantaisie d'entrer au parc, vous pouvez à votre gré prendre l'allée de droite, celle de gauche ou celle du milieu. Si vous êtes en ville, vous pouvez entrer au café, à l'église ou ailleurs ?

— C'est trop simple, je ne vois pas pourquoi vous me demandez cela !

— Non, ce n'est pas simple du tout. Attendez. Vous êtes libre et vous le savez. Moi aussi, je suis libre et je le sais. Ainsi, je peux, si je veux, vous faire une bonne manière ou vous jouer un vilain tour. Par exemple, je peux vous offrir un beau cigare ou vous frapper brutalement. Inutile de vous dire que si je ne fais ni ceci ni cela, c'est que je suis libre et que j'use de ma liberté.

— ......

— Donc, moi, vous, d'autres enfin, sommes libres. Pour généraliser, je dis : L'homme est libre, il peut faire du bien, il peut faire du mal. En convenez-vous ?

— J'en conviens.

— Convenez aussi qu'il serait préférable que l'homme ne fasse que du bien, car vous savez, je pense ; que toutes les bonnes actions, toutes les bonnes pensées sont des choses qui se créent par la volonté et deviennent effectivement existantes et *persistantes*, ce qui fait que, tôt ou tard, elles rejaillissent sur leurs auteurs et sur l'humanité tout entière. Le mal suit les mêmes lois, mais tandis que par le Bien on n'obtient que du Bien et on arrive à la vérité, par le mal, on n'obtient que du mal et on a l'erreur par surcroît.

— Vous me catéchisez ?

— Pas du tout. J'établis les bases de notre discussion, patientez deux minutes.

Le Bien est une force créatrice ; le mal est une force destructive. L'humanité dispose de tout le Bien qu'elle a créé et qu'elle possède effectivement ; c'est son actif ; elle subit les conséquences de tout le mal qu'elle a également créé et qu'elle possède effectivement ; c'est son passif. Le grand livre de la nature s'ouvre sur deux pages seulement : la première pour l'*Avoir*, c'est-à-dire pour le *Bien* ; la seconde pour le *Doit*, c'est-à-dire pour le *Mal*. Quand le Bien domine, tout va pour le mieux ; quand c'est le mal tout va de travers et les pires catastrophes peuvent s'en suivre. Dans la nature, le Bien a pour but suprême : la création. Le mal n'est que la contre-partie : la négation. Le mal lutte contre le bien, mais ne le vaincra jamais, car s'il arrivait à le vaincre il ne pourrait plus nuire à à autrui. Dès lors, il se nuirait à lui-même et serait ainsi la cause de sa propre fin.

— De grâce, je vous en prie, ne me bourrez pas le crâne, vous divaguez, vous allez devenir fou, laissez-moi vous répondre...

— Attendez, revenons à nos moutons. Vous avez convenu du libre arbitre de l'homme. Ici, je dois vous faire remarquer que quand je dis : l'homme, je généralise.

Je ne parle pas de vous, ni de moi, ni d'autres personnes, mais je parle de l'humanité entière.

— L'humanité c'est beau, mais allez-vous me rendre responsable des erreurs de l'humanité ?

— Personnellement, non. Collectivement, oui. N'oubliez pas que vous êtes une individualité vivant dans la collectivité, et que par cela même, vous vous fondez en elle. Vos actions, vos paroles, vos gestes, vos pensées même, ont leurs contre-coups auprès des personnes de votre entourage et vous subissez les leurs. Chaque jour vous pouvez profiter du Bien, du savoir, en un mot du patrimoine scientifique et moral acquis depuis que l'humanité existe, comme vous avez à subir le mal qui, lui aussi, est une chose acquise. Un individu civilisé ne pourrait vivre tout seul, c'est-à-dire en dehors de toute collectivité. Une collectivité n'existerait pas sans individus.

— Ce sont des vérités de la Palisse !

— Je vous l'accorde, mais ce sont des vérités quand même. Et maintenant, si vous le voulez bien, essayons de ne point regarder toujours par le gros bout de la lunette. Essayons d'élargir le champ de nos pensées et de voir les choses de haut...

— Si vous montez trop haut, je ne vous suis pas, car je ne tiens pas à dégringoler avec vous et vos théories.

— Ne craignez rien, car l'homme, paraît-il, n'a rien à craindre que la crainte. Par conséquent, élevons-nous bien haut et tâchons de voir les choses avec notre esprit plutôt qu'avec nos yeux. Faisons abstraction qu'il existe des individus, oublions notre propre existence pour ne voir que l'humanité terrestre. Evitons de tenir compte qu'il existe des Français, des Allemands, des Russes, des Auvergnats.... Regardons de plus haut encore et voyons seulement l'ensemble de tous ces hommes qui se battent...

— Oui, de tous ces hommes qui se battent !... et après cela, vous viendrez me raconter qu'il existe un Bon Dieu ! Ah ! non... je...

— Cher ami, ne vous fâchez pas. Tenez, pour vous amener à de meilleurs sentiments, nous allons — si vous le voulez bien — nous allons supposer un instant que vous êtes Dieu même, vous Monsieur Maté, Dieu tout puissant, dispensateur du Monde !

— Vous cherchez à m'embarrasser ? Vous vous trompez étrangement. Je vous écoute.

— Supposons, dis-je, que vous êtes Dieu, Créateur du Ciel et de la Terre. Vous avez nécessairement donné aux hommes le libre arbitre dont vous avez reconnu l'existence tantôt, et j'ai tout lieu de croire que vous n'en regrettez rien, puisque, comme homme, vous y teniez beaucoup.

— Oui, j'en suis pour la liberté, toujours plus de liberté, et si j'étais Dieu, les flics...

— Donc, l'homme est libre, il peut se dévouer au Bien, il peut s'employer au mal ; il pourrait ne pas se battre, il se bat ; vous êtes Dieu, qu'en pensez-vous ?

— Mais c'est enfantin ! J'interviendrais, je ferais cesser la guerre !

— Comment ? La guerre, avons-nous dit, a pour cause première la méchanceté des hommes. Or, l'homme est méchant, il se bat ; c'est une loi de la nature, comment feriez-vous pour l'empêcher de se battre ?

— Que vous êtes simple ! Mais je n'aurais nullement besoin de l'empêcher de se battre, je changerais les lois de la nature. Avec moi les hommes ne se battraient pas, parce qu'il n'y aurait pas de méchants. Je n'aurais créé que des hommes bons, justes, parfaits, voilà tout. Vous êtes enfoncé, qu'en dites-vous ?

— Pas trop mal répondu, mais, attendez. Vos hommes parfaits, vos hommes bons pourraient bien n'être que des bonshommes. A moins que vous les ayez coulés dans un moule, vous en auriez toujours de bons, de moins bons et d'autres encore moins bons qui auraient peut-être envie de devenir méchants.

— Mais vous ne m'avez pas compris. Je vous ai dit que j'aurais créé l'homme bon, juste, parfait, dépourvu de toute méchanceté.

— Entendu, mais avec vous l'homme n'aurait pas même le droit d'être méchant ?

— Certes non !

— Alors ça y est. Que faites-vous de votre libre arbitre, auquel tout à l'heure vous paraissiez tant tenir !...

— Décidément, vous êtes terrible. Je reste partisan du

libre arbitre, seulement avec moi l'homme serait bon parce que je l'aurais fait tel et il ne désirerait pas autre chose.

— Je vous crois et je loue vos bonnes intentions, mais il n'est pas moins vrai que, par votre volonté, par contrainte, vous lui enlèveriez le droit d'être méchant.

— Est-ce un droit bien enviable ?

— Pour moi, non, mais c'est toujours un droit et vous savez que les droits de l'homme...

— Vous vous égarez.

— Non, je vous suis !... Tenez, prenons un exemple. Vous, Monsieur Maté, vous n'êtes certainement pas méchant pour un sou, cependant il est fort probable qu'étant homme, vous êtes assujetti, comme tous les hommes du reste, à certains travers, certaines tentations, certains défauts auxquels vous n'attachez que peu d'importance, par la raison qu'ils font le charme de votre existence, mais !... mais, dis-je, qui vous enlèvent tous droits au titre de sage.

— Connaissez-vous quelqu'un sans défaut ?

— Tiendriez-vous beaucoup à n'en avoir pas ?

— Vous ne m'avez pas répondu.

— Non, mais je vous ai questionné pour que la réponse vienne de vous-même. Tenez, Monsieur Maté, tiendriez-vous beaucoup à être un sage... non, ce n'est pas assez pour vous... tiendriez-vous beaucoup à être un Saint ?

— Laissez-moi réfléchir un peu... Qu'est-ce que c'est qu'un Saint ?

— Vous hésitez ?

— C'est bien naturel. Vous m'avez proposé d'être Dieu, en acceptant d'être un Saint, je me sens diminué.

— Je ne comprends pas bien ce que vous voulez dire, mais déjà, j'ai deviné ce que vous ne voulez pas dire. Vous voudriez bien être Dieu parce que vous vous imaginez qu'étant Dieu vous seriez tout puissant, tout en conservant tous les petits défauts qui vous sont chers. Mais vous ne tenez que fort peu à être un Saint, parce que ce mot image dans votre esprit une vie austère, toute de privations et de résignation stoïque. Or, vivre la vie d'un Saint serait pour vous ne pas vivre du tout ou vivre en malheureux.

— Peut-être, mais je vous le répète, il faudrait me dire ce que c'est qu'un Saint.

— En me réitérant cette question, vous avez, je crois, l'espoir de m'embarrasser plutôt que le désir de vous instruire. Vous feignez toujours de ne pas savoir certaines choses, mais en voulant vous montrer tel que vous ne croyez pas être, vous vous montrez justement tel que vous êtes.

— O littérature !...

— Donc, je ne répondrai pas à votre question, je vous dirai seulement que l'existence d'un Saint n'est pas celle que vous croyez. Un Saint peut goûter plus de bonheur en une minute que vous n'en goûterez vous-même en toute votre vie !

— Alors, je veux être un Saint !

— Non, vous ne voulez pas être un Saint et je puis vous en donner la preuve.

— Si vous faites cela, vous serez malin.

— Eh ! bien, vous n'êtes plus Dieu, je prends votre place et comme je suis très débonnaire, j'exigerai peu de vous... quitte à n'avoir qu'un demi-Saint.

— Non, non, j'entends être un Saint complet.

— C'est très bien, vous serez donc un Saint complet et surtout un Saint volontaire ?

— Parfaitement volontaire.

— Seulement, ne voulant pas vous rendre effectivement Saint sans être sûr que réellement vous désirez l'être, je fais une hypothèse et je vous dis mon secret.

— Parlez vite.

— Pour être un Saint, il vous suffira de sucer un berlingot chaque fois que vous aurez envie de fumer une cigarette.

— Je proteste. Pour un Dieu ce n'est pas sérieux, vous manquez de franchise, vous me prenez par mon côté faible...

— Allons donc, vous avez un côté faible, et vous voudriez *rester faible* tout en devenant un Saint ?

— Je comprends, mais enfin vous pourriez tout de même être plus accommodant : une cigarette, c'est si peu de chose !

— Les Saints ne fument pas la cigarette.

— Ils préfèrent ne pas fumer.

— ... et vous préférez n'être pas Saint.

— Vous me demandez trop.

— Ah !... vous voudriez que je vous donne tout sans vous demander rien !

— Ce faisant, vous seriez vraiment un bon Bon Dieu.

— Alors, vous ne voulez plus être un Saint volontaire ?

— A ce prix, j'y tiens fort peu.

— Eh ! bien, comme je suis Dieu et que je ne veux aucun méchant dans mon royaume, je vais faire de vous un Saint tout de même, en exigeant par la force ce que vous n'avez pas voulu accepter de bon gré.

— Mais vous n'êtes pas un Dieu ! Vous êtes un tyran, un autocrate ! Et la liberté, et le libre arbitre, qu'en faites-vous ?

— J'attendais cela de vous. Et maintenant, laissez-moi vous dire une chose que vous n'attendez pas de moi : il n'y a pas en vous l'étoffe d'un Saint, mais il y a certainement en vous l'étoffe d'un sage. Etant homme, vous ne voulez pas de vous-même pour Dieu, ce qui me fait dire que vous êtes un sage. Etant Dieu, les hommes comme vous ne font guère votre affaire, vous désirez mieux et vous êtes encore un sage. Mais tout en étant deux fois sage, vous ne l'êtes qu'en dehors de vous-même, toujours *pour* vous-même et jamais *par* vous-même. Cependant, vous êtes bon, excessivement bon, tellement bon que vous voulez absolument que les autres le soient, et, pour arriver plus facilement à vos fins, vous employez la contrainte, vous leur enlevez radicalement le droit d'être méchants. C'est très ingénieux, mais vous oubliez qu'une bonté imposée serait une bonté sans valeur parce que sans mérite. Vous qui prétendez avoir de l'intelligence, — et qui en avez assurément, — vous ne voudriez pas admettre que cette intelligence vous a été prêtée, donnée, ni même imposée. Vous êtes fier de la posséder, de l'avoir acquise, d'en être le légitime propriétaire, et vous avez raison. D'ailleurs, vous savez qu'en fait d'intelligence ou de bonté, l'homme est toujours satisfait de lui-même, il croit toujours en posséder assez et même de reste : c'est, je crois, Descartes qui l'a dit. Voilà pourquoi l'homme est toujours prêt à donner des conseils, mais ne désire guère en recevoir sans les avoir sollicités. Le véritable ignorant ignore sa propre ignorance et n'a pas le désir de s'instruire ; le véritable savant doute encore d'être savant et veut savoir davantage. Le méchant se croit toujours suffisamment bon ; le bon craint d'être méchant et aspire à devenir meilleur. Mais pour devenir meilleur il faut deux choses : *vouloir* et *pouvoir*. Pour vouloir, il faut le désir. Pour pouvoir, il faut le mérite. De plus, il faut posséder le mérite d'avoir de la volonté et la volonté d'avoir du mérite. Ces qualités passent alors à la deuxième puissance et on a la volonté de la volonté et le mérite du mérite.

— Ouf ! laissez-moi respirer, j'ai mal à la tête. Je ne puis vous écouter plus longtemps. Vous voulez mettre ma sincérité à l'épreuve. Vous voulez voir si j'aurais la naïveté d'avouer que je comprends des choses incompréhensibles...

— ...pour vous, hélas !

— Vous manquez de franchise, à chaque instant vous employez des subterfuges, vous ne me convaincrez pas. A mon tour de vous mettre au pied du mur, parlons des lois naturelles...

— Je le veux bien. Seulement, je n'ai pas le temps aujourd'hui, ce sera pour un autre jour. Au revoir, Monsieur Maté.

IIe DIALOGUE

Voir et voir

M. Méta. — Hier, à la fin de notre entretien, vous avez eu un moment d'impatience que je ne m'explique pas ou que je m'explique trop. Quoi qu'il en soit, vous m'avez jeté deux défis : le premier consisterait à me confondre en parlant des lois naturelles ; le second est tout simplement l'affirmation catégorique que mes théories ne vous convaincront jamais.

M. Maté. — Oh ! certainement !

— Vous m'avez dit que je ne vous convaincrai jamais, j'ai donc le droit de croire que vous ne voulez pas être convaincu.

— Je n'ai pas dit que je ne voulais pas être convaincu ; j'ai dit textuellement : « Vous ne me convaincrez pas », et je reste convaincu que vous ne pourrez pas me convaincre.

— Moi, je le pourrais bien, mais c'est vous qui ne le pourriez pas, parce que vous ne le voulez pas.

— Vous vous trompez, je le veux sincèrement.

— Vous voulez ce que vous pouvez. Il faudrait me dire que vous voulez ce que vous ne pouvez pas vouloir ; alors, je vous croirais, et j'aurais quelque espoir de vous convaincre.

— Perdriez-vous toute notion de bon sens ?

— Quoi donc ! vous ne m'avez pas compris ?

— Pas du tout.

— Alors je m'aperçois que vous avez raison : vous n'êtes pas *convaincable !*

— Que voulez-vous dire ?

— Je m'expliquerai tout à l'heure. Permettez une question : hier, je désirais vous convaincre, savez-vous si je le désire encore aujourd'hui ?

— Je ne vous crois pas si variable ; vous mettez trop d'ardeur à me contredire.

— Cela ne prouve absolument rien. Moi, je ne veux que ce qui est *désirable*. Hier je croyais *désirable* de vous convaincre, aujourd'hui je m'aperçois que ce n'est pas *désirable* et je me félicite de n'avoir pas réussi !

— Vous reniez vos théories ! A la bonne heure !

— Non pas, que dites-vous là ! Je parle dans votre intérêt.

— Comment, vos théories seraient excellentes pour vous et ne vaudraient rien pour moi ?

— Encore une fois, non pas ! Mes théories sont tout aussi bonnes pour vous que pour moi, que pour tous les humains. Je les crois même si bonnes que je ne tiens guère à les donner sans savoir réellement à qui je les donne. C'est pourquoi je préfère vous voir les repousser que de vous voir les adopter, puis en faire litière.

— Cher Monsieur Méta, soyez persuadé que quand j'adopte quelque chose, je l'adopte à bon escient, et puis, c'est fini, je ne change plus d'idée.

— J'aime vous entendre parler ainsi. On sent que vous avez du caractère, vous êtes un esprit fort !... Acceptez-vous quelquefois des idées nouvelles ?

— Pourquoi pas ! J'en suis pour le progrès. Mais je n'accepte jamais rien sans l'avoir passé au crible de la raison !

— ...et vous avez raison. Donc, vous acceptez des idées nouvelles, mais vous n'abandonnez pas les anciennes. Ordinairement, quand on a un mauvais cheval, on le change pour un bon. Quand votre habit est usé, que faites-vous ?

— J'en achète un neuf.

— Et pour être d'accord avec vous-même, vous l'endossez sur le vieux ?

— Votre comparaison n'a pas de sens. Nous parlons des idées ; que venez-vous y mêler des habits !

— Vous croyez donc pouvoir acquérir de nouvelles idées sans vous débarrasser des trop vieilles.

— Je ne suis pas un transfuge, ni un caméléon. Je ne change pas à tout moment, ni de couleur, ni d'idée. Je me contente de perfectionner ce que je possède.

— Oui, vous préférez un habit tout neuf pour remplacer le vieux ; mais vous ne voulez pas d'idées neuves, ça

vous va mieux de rapiécer les vieilles. Au fond, cela se
conçoit, car je ne vois pas comment vous pourriez faire
autrement.

— Vous m'approuvez ?

— Jamais de la vie ! Je constate seulement qu'il vous
serait impossible d'agir autrement.

— Qui m'en empêcherait ?

— Ecoutez-moi bien. Votre habit est une chose *extérieure* à vous-même, vous pourriez en endosser plusieurs
les uns sur les autres, sans trouver de limite dans l'espace.
Au contraire, vos idées sont des choses *intérieures ;* elles
sont contenues dans votre cerveau. Or, je suppose votre
cerveau aussi vaste, mais je ne le crois pas assez
vide pour que vous puissiez y ajouter toujours sans y
retrancher jamais !

— Mon cerveau n'est pas plus vide que le vôtre.

— Je vous crois. D'ailleurs, même s'il était vide, il
contiendrait quelque chose !

— Vous plaisantez ! Le vide c'est du vide, c'est rien !

— Evidemment le vide c'est du *vide*, de même que
rien c'est *du rien*. Or, être rien, c'est être encore quelque chose.

— Vous déraisonnez.

— Pas du tout. Rien est un mot. Vous savez que les
mots s'appliquent aux choses. Ce que nous concevons
par le mot *rien* est une impossibilité, si nous ne suppri-
mons pas à la fois le mot et la chose qu'il représente.
Le mot *rien* représente la chose *rien !*

— Rien c'est rien et voilà tout !

— Vous l'avez dit et nous tombons d'accord. Rien
c'est rien, puisque *c'est* veut dire être et que *être* c'est
exister.

— Mais non !

— Mais si. Pour essayer de prouver le contraire il aurait fallu dire : Rien ce n'est *pas rien* et ce n'est *pas
autre chose*.

— Rien c'est inconcevable.

— *Etre* inconcevable *c'est être* quelque chose ! Arrivez
à supprimer le verbe être et nous serons d'accord.

— Nous n'en finirons pas.

— Si, nous allons en finir par une démonstration.

— Je vous attends.

— Vous possédez une chambre vide, complètement vide. Il n'y a aucun meuble, aucun objet, c'est-à-dire qu'il n'y a *rien*. Comment allez-vous faire pour y entrer un meuble ou pour y entrer vous-même sans enlever *rien* ou sans que rien ne s'enlève ?

— Franchement, vous devenez stupide !

— Répondez-moi.

— Ça n'en vaut guère la peine.

— Dans votre chambre il n'y a rien, seulement c'est alors qu'il s'y trouve beaucoup plus *d'une chose*, que s'il y avait quelque chose. S'il était possible d'empêcher complètement l'air de sortir, vous ne pourriez jamais entrer, ni vous, ni votre meuble. Connaissez-vous le phénomène de la pression atmosphérique ?

— Avec des histoires pareilles, vous aurez toujours raison.

— Vous appelez cela des histoires ? Rien n'est plus exact, rien n'est plus positif.

— Vous conviendrez qu'il n'est guère d'usage de dire qu'une chambre est remplie d'air, c'est trop évident !

— C'est parce que c'est trop évident que vous ne l'aviez pas vu. Les vérités sont toujours évidentes quand on sait les regarder et quand on sait les voir. Et maintenant, s'il était possible d'enlever l'air de votre chambre, qu'y resterait-il ?

— Vous y feriez le vide. Cette fois-ci je puis affirmer qu'il n'y resterait rien.

— Vous vous trompez encore. En langage courant, on appelle « faire le vide » l'opération d'enlever l'air d'un vase clos. Mais ce vide est encore tout relatif. Cet air qui vous paraît si léger, si subtil, est encore de la matière grossière à côté d'autres éléments impondérables, fluidiques, atomiques, sous-atomiques, éthérés, radiants, etc..

— Ce sont des bagatelles que je ne connais pas. Pour ne pas vous contrarier, je suppose qu'elles existent et je les enlève Allez-vous avoir le toupet de m'affirmer qu'il reste encore quelque chose !

— Je·l'affirme ! Enlevez tout ce que vous voudrez et j'y trouverai toujours quelque chose, puisque en dernier lieu j'aurai toujours la lumière et à défaut de lumière j'aurai les ténèbres !

— Vous êtes un imposteur ! Vous voulez me faire fâcher !...

— Dieu m'en garde ! Aussi, pour ne pas vous faire fâcher, j'adopte votre manière de voir et je dis : une chambre remplie d'air est une chambre vide. J'y apporte une table, des chaises, en un mot : je la meuble. Si je continue à y apporter des meubles et des objets, je l'encombre, et si je veux l'encombrer davantage, je ne le puis.

Pourtant, j'ai là une chaise neuve qui me plaît beaucoup, comment l'introduire ? Un seul moyen me reste, c'est de remplacer la chaise qui me plaît le moins par celle qui me plaît le plus.

Un cerveau rempli d'air — ou d'autre chose — est un cerveau vide. On le meuble avec des pensées, des idées. Si vous l'encombrez, tout y sera confus, et si vous voulez l'encombrer davantage, vous en reviendrez forcément à l'histoire de la chaise.

— Je comprends que les chaises, les meubles, tiennent de la place, mais les pensées, les idées ?...

— Je viens de vous prouver qu'un *rien* tient de la place. Une pensée est plus qu'un *rien*, c'est vraiment quelque chose. Concluez.

— Une pensée, c'est une pensée, et rien de plus. Vous ne pouvez ni la voir, ni la mesurer.

— Avez-vous pu voir l'air de votre chambre, l'avez-vous mesuré ?

— L'air c'est une autre affaire. L'air c'est une chose.

— La pensée aussi est une chose.

— Qu'en savez-vous ?

— J'en sais ce que certainement vous ignorez.

— Eh ! bien, dites-moi cela.

— Je n'aurais pas grand'peine. Mais, êtes-vous métaphysicien ?

— Non, je ne le suis pas encore.

— Alors j'attendrai que vous le soyez devenu.

— Vous vous dérobez ?

— Que feriez-vous à ma place ?

— A votre place, j'aurais le courage de mon opinion, j'exposerais loyalement ma théorie.

— Vous venez de me dire que vous n'êtes pas métaphysicien, mais j'ai ouï dire que vous étiez électricien.

— Oui, Monsieur. Et alors ?...

— Et alors, permettez-moi de vous demander si vous trouveriez intéressant, *si vous trouveriez utile* de parler kilowatt, voltage, ampérage, etc... à des profanes n'ayant aucune notion d'électricité ?

— Ce ne serait ni intéressant, ni utile pour moi, mais ce serait intéressant et utile pour mes profanes. Au contraire, parler de la métaphysique ne sera pas intéressant pour vous, mais seulement pour moi.

— J'en doute.

— Parce que vous doutez de vos arguments. Serais-je trop profane en matière philosophique ?

— Vous l'êtes juste autant qu'il est juste que vous le soyez.

— J'admire votre concision !

— Je n'aime pas d'être admiré sans en avoir le mérite, mais je vais tâcher d'avoir ce mérite, et alors vous ne m'admirerez plus !

— Qu'allez-vous faire ?

— Je vais vous parler métaphysique...

— Je suis tout oreilles, seulement ne me dites pas des bêtises !

— J'en dirai beaucoup ou pas, tout dépendra de vous.

— Vous plaisantez !

— J'en dirai beaucoup si vous appelez bêtises des vérités que vous ne pourrez comprendre.

— Ce sont des paroles inutiles. Parlez-moi des pensées.

— Les pensées sont des choses...

— .....des choses.

— .....et les choses occupent de la place.

— .....dans la place où elles se trouvent.

— Oui, dans la place où elles se trouvent, et le plus souvent, elles se trouvent dans des sortes de boîtes appelées cerveaux, mais... pas toujours dans ces boîtes.

— Comment ?

— Laissez-moi continuer. Je dis : *pas toujours*, et c'est facile à comprendre. S'il n'existait de pensées que dans les cerveaux des hommes, chacun en posséderait un lot et ne pourrait en acquérir davantage. Il serait alors impossible autant qu'inutile de *penser* ou chercher à trouver des pensées.

— Les pensées ne se trouvent pas dans la rue.

— Peut-être !

— D'ailleurs, c'est notre cerveau qui les crée de toutes pièces.

— Je suis presque de votre avis, mais je m'arrête...

— Déjà ?

— J'allais vous parler de germes pensées, de leur fécondation et de l'existence des pensées, mais cela nous mènerait trop loin... pour vous qui n'êtes pas métaphysicien.

— Vous êtes à bout d'arguments, quoi !

— Non, j'en ai trop, absolument trop. C'est pour moi un indice certain que je n'arriverais pas à vous ranger à mon avis.

— Beaucoup peut-être, mais combien mauvais !

— Au contraire, ils sont trop bons ! Pour convaincre quelqu'un qui a des théories éloignées des nôtres, il ne faut pas de trop bons arguments, et il en faut le moins possible.

— Allons donc !

— Deux hommes sont bien d'accord quand ils n'ont plus d'arguments à s'opposer. Donc, plus j'en ai contre vous, plus je suis loin de vous !

— Je ne vous comprends plus.

— Vous pouvez avaler un œuf ?

— Cela m'arrive.

— Pourriez-vous avaler un bœuf ?

— Non, mais je préfère un bœuf qu'un œuf.

— A la condition de ne pas l'avaler...

— .....tout entier !

— Vous ne pouvez pas plus avaler un bœuf que vous ne pouvez vous assimiler un trop grand nombre de bons arguments. Si j'avais à vous démontrer comment on peut produire du feu, que ferais-je ?

— Vous frotteriez une allumette.

— Et vous auriez compris de suite.

— Parfaitement.

— Vous pourriez renouveler l'expérience.

— A la condition d'avoir des allumettes.

— Si, au lieu de frotter une allumette, j'éclairais un immense feu d'artifice.

— Un feu d'artifice vaut mieux qu'une allumette...

— Il vaudrait mieux pour vous éblouir, mais vous n'y comprendriez rien du tout.

— J'essayerais...

— De renouveler l'expérience ?

— A la condition d'avoir des artifices.

— Et d'être artificier !

— Je puis le devenir.

— Comme vous pouvez devenir métaphysicien. Mais pour l'instant et pour longtemps vous n'êtes ni l'un ni l'autre.

— Pourquoi ce mot : *longtemps* ?

— Parce qu'il vous reste trop de bons bœufs à avaler. Oh ! pardon, la langue m'a tourné ; je voulais dire qu'il vous reste trop de bons arguments à accepter.

— Vous prétendez que je dois accepter vos arguments ; à mon tour, j'ai le droit de prétendre que vous devez accepter les miens.

— Mais je les accepte, je les ai acceptés avant vous. Vos arguments sont dans *mon chemin parcouru*, bien loin en arrière ; les miens sont dans votre chemin *à parcourir*, bien loin en avant.

— Vous les acceptez quelquefois, mais aussitôt vous les mettez à l'envers, c'est-à-dire que vous les retournez contre moi.

— Libre à vous de me rendre la pareille.

— Moi, je n'accepte pas les vôtres.

— Je le sais, et je sais aussi que vous ne pouvez pas les accepter.

— Le motif ?

— Le voici : Tant que je regarde les choses à votre façon, c'est-à-dire avec les mêmes moyens que vous, nous sommes parfaitement d'accord. Dès que je ne regarde plus comme vous, mais avec mes moyens à moi, nous ne nous entendons plus !

— Vous voulez dire que vous pouvez voir comme moi, mais que je ne puis pas voir comme vous ?

— Absolument.

— Expliquez-vous.

— C'est très simple : vous n'êtes pas métaphysicien.

— Toujours votre rengaine ! Avec des arguments pareils on est vite tiré d'affaire.

— Attendez. Revenons à votre chambre. J'entre avec vous, je regarde comme vous, et je ne vois rien : la chambre est vide, tout à fait vide. Aussitôt que je cesse de regarder comme vous, je m'aperçois que la chambre n'est pas vide...

— Vous n'allez pas me dire que vous avez vu, de vos yeux vu, l'air et les bagatelles dont vous m'avez parlé !

— Oh ! non. Je l'avoue. Je n'ai *pas vu*, de mes yeux *pas vu* ce qui s'appelle *pas vu*, mais j'ai vu avec autre chose.

— Ah ! Ah !... je sens venir une blague.

— Au contraire, c'est très sérieux, écoutez-moi bien. L'œil voit...

— Oui, l'œil voit...

— Mais il ne voit que ce que la lumière lui montre.

— C'est pourquoi il ne voit pas les ténèbres !

— Ne soyez pas goguenard, car vous vous trompez étrangement : l'œil voit les ténèbres.

— Les aveugles voient aussi les ténèbres !

— Votre surenchère est maladroite, votre erreur est complète. Les aveugles ne voient pas plus les ténèbres qu'ils ne voient la lumière. Un aveugle, véritablement aveugle ne peut différencier le jour de la nuit. S'il voyait, comme vous dites, il pourrait croire voir les ténèbres en plein jour et ce ne serait pas vrai.

— Pourquoi pas ?

— Eh ! bien, en pleine nuit noire, enfermez-vous dans un appartement bien clos, ouvrez les yeux, que verrez-vous ?

— Rien !

— Fermez les yeux, que verrez-vous ?

— Rien !

— Vous aurez vu deux fois *rien*, mais ces deux *riens* ne sont pas identiques. En ouvrant les yeux vous voyez les ténèbres *extérieures* à vous-même ; en fermant les yeux vous voyez les ténèbres *intérieures* à vous-même. Comprenez-vous la différence ?

- Quand je suis dans les ténèbres, que j'ouvre les yeux ou que je les ferme, c'est tout pareil.

— Pourtant vous avez des yeux pour voir.

— Bien entendu ; seulement mes yeux comme les vôtres ne voient que la lumière.

— Et quand vous voyez ce que vous appelez *rien !*

— Oh ! je vous en prie, ne me parlez plus de votre rien !

— Oui, ne parlons plus des ténèbres, parlons de la lumière. Vos yeux, les miens, sont faits pour voir le jour, mais ils voient aussi la nuit. Remarquez bien que je dis : ils voient la nuit ; je ne dis pas : ils voient *dans* la nuit ; de même qu'en vous disant : vous voyez les ténèbres, je ne vous dis pas : vous voyez dans les ténèbres. Vous avez certainement entendu dire que les chats, les oiseaux nocturnes voyaient mieux *dans* la nuit que *dans* le jour. Si ces bêtes pouvaient discuter avec nous au sujet de la lumière, elles seraient d'un avis tout opposé au nôtre. Et alors que faudrait-il croire ?

— Je ne croirais rien et je dirais que ce sont des histoires de chats ! Si les chats n'ont pas les yeux faits comme les nôtres, je n'y vois rien à redire.

— Ni moi non plus, et nous sommes d'accord. La lumière n'est pas *en nous*, elle est *hors de nous*. C'est une forme de vibration. Il en est de même pour les ténèbres. Nos yeux constituent l'appareil qui a la faculté d'assimiler ces vibrations pour nous faire connaître les images objectives du *hors de nous*. Nos yeux sont sensibles aux vibrations de la lumière, les yeux du chat sont sensibles aux vibrations des ténèbres, il n'y a qu'une différence de sensibilité.

— Il me semble que vous vous confinez un peu trop dans des histoires de chats ! Que les chats voient dans la nuit ou qu'ils n'y voient pas, cela m'est bien égal. Moi je ne vois que le jour et *dans* le jour...

— Parce que vous n'êtes pas un chat !

— N'avez-vous pas d'autres arguments ?

— J'en ai des quantités ! Seulement vous m'avez dit que vous ne pouviez pas avaler un bœuf, alors je dois me contenter de vous servir un œuf !

— Vous n'êtes pas sérieux.

— Vous ne savez donc pas qu'en parlant sérieusement on n'apprend jamais rien ?

— Plaît-il ?... Aurais-je mal compris ?

— Vous avez très bien compris, mais cela vous paraît exorbitant.

— En effet.

— Dans quelques jours je vous en donnerai la preuve comme je vous donne la preuve de tout ce que j'avance. En attendant, je vais vous parler sérieusement et vous n'apprendrez rien.

— Peut-être !

— Vous êtes électricien, moi je ne le suis pas, mais j'ai entendu dire qu'en électricité, il y avait deux pôles : le positif et le négatif.

— Parfaitement.

— J'ai entendu dire aussi que les pôles de même nature se repoussent, tandis que ceux de nature contraire s'attirent. Or, je ne crois pas que la lumière, les ténèbres et la vue soient des phénomènes électriques — au fond, je n'en sais rien — mais je puis constater par ailleurs que la plupart des phénomènes objectifs existent d'après le même principe que l'électricité.

— Quel principe ?

— Le principe de la polarité. Prenez n'importe quel objet, vous y verrez toujours deux pôles, c'est-à-dire deux côtés, l'endroit et l'envers. le haut et le bas, etc... Vous ne pouvez voir l'endroit d'un objet sans supposer l'envers et inversement, l'un vous montre l'autre.

— Vous ne m'apprenez rien de nouveau.

— Je vous ai prévenu. Deux endroits en un même objets est une impossibilité, un objet impossible.

— Ah ! Ah !... et deux envers aussi !

— Pareillement. Partant de ce principe, je dis : la lumière est une chose positive ; les ténèbres sont négatifs, et j'ajoute : la lumière c'est l'endroit ; les ténèbres c'est l'envers. L'œil de l'homme est formé d'un principe, d'une substance négative par rapport à la lumière qui est positive. L'œil du chat est formé d'une substance positive par rapport aux ténèbres qui sont négatifs : et voilà pourquoi le chat voit dans les ténèbres. M'avez-vous compris ?

— Oh ! parfaitement compris !

— La lumière ne peut pas montrer la lumière. Il ne vous est pas plus nécessaire d'éclairer une bougie pour voir la lumière du soleil que les rayons du soleil ne vous sont nécessaires pour voir la lumière d'une bougie. Au contraire, vous voyez tout aussi bien la lumière du soleil sans bougie, et vous voyez bien mieux la lumière de la bougie sans soleil, c'est-à-dire dans l'obscurité.

— Encore une fois vous ne m'apprenez rien !

— Je le sais, je parle trop sérieusement, mais je vais vous apprendre quelque chose.

— Parlez.

— Pensez-vous que la lumière puisse cacher quelque chose à nos yeux ?

— Comment ! vous voulez m'apprendre et vous me questionnez ? Drôle de façon !

— Si je ne connaissais pas votre opinion avant de vous dire la mienne, nous serions trop souvent d'accord ; vous pourriez toujours m'approuver après coup, pour éviter de me montrer ce que vous savez et ce que vous ne savez pas. Une telle forme de discussion n'aurait pas de charme.

— Pas de charme pour vous !

— Pour moi, en effet : je suis sincère, j'avoue ma faiblesse.

— Puisque vous êtes sincère, je vous répondrai que la lumière me fait voir et ne saurait m'empêcher de voir — sauf le cas où elle m'éblouirait.

— Vous êtes dans l'erreur.

— Je vous vois venir. Toujours votre système !

— La lumière vous empêche de voir les ténèbres !

— Bravo ! mais si vous n'avez que des vérités pareilles, je vous plains !

— Et la lumière ne cache pas seulement les ténèbres, elle peut cacher une autre lumière. Une forte lumière cache une faible lumière. Méditez devant la bougie en plein soleil.

— Et devant le soleil en pleine bougie !

— Soyez sérieux.

— Impossible, je désire apprendre !

— Alors, je n'insiste pas, mais il me reste à vous demander si vous voyez bien les étoiles en pleine nuit.

— Oh ! très bien.

— Et vous les voyez très mal en plein jour ?

— Parfaitement, si *très mal* veut dire *pas du tout*.

— Elles y sont cependant.

— On le dit.

— Donc, quelque chose les cache, quelque chose les dérobe à nos yeux.

— Pardi ! c'est la lumière du soleil ! Tout le monde sait cela.

— Alors nous sommes d'accord.

— Parfaitement d'accord, laissez-moi vous embrasser...

— Attendez un petit moment.

— Vous me relancez ?

— Non, mais je voudrais avoir la preuve que nous sommes bien d'accord.

— La preuve par 9 ? quoi !

— Justement. Vous convenez que la lumière cache la lumière, que la lumière cache les ténèbres, il me reste à vous démontrer que la lumière peut montrer les ténèbres.

— De plus en plus fort ! Vous vous contredisez, je ne vous écoute plus.

— Qu'est-ce que c'est que l'ombre ? Je parle de l'ombre véritable, de l'ombre que l'on voit en plein soleil, derrière les objets matériels.

— L'ombre c'est... c'est... attendez... l'ombre c'est l'envers du jour, l'envers de la lumière.

— C'est un peu vrai.

— Un peu ce n'est pas beaucoup.

— Un peu c'est plus que *très peu*.

— Ne soyez pas cynique !

— En plein soleil vous voyez votre ombre, vous pouvez voir la mienne comme l'ombre d'un arbre, d'une maison, etc...

— Je puis voir toutes les ombres qui se montrent à moi.

— C'est-à-dire que vous pouvez voir toutes les ombres que le jour vous montre.

— Et que mes yeux saisissent.

— D'après vous l'ombre serait un **effet**, où trouvez-vous la **cause** ?

— La lumière est cause, l'ombre est effet.

— Ce qui veut dire que l'ombre est un **effet de lumière** ?

— Oui, non... oui... la lumière fait l'ombre, ou si elle ne fait l'ombre, elle en fait les contours.

— Vous y arrivez. La lumière fait voir les contours de l'ombre : les contours *extérieurs*. L'ombre montre ses propres contours : *ses*, bien cela n'est-ce pas ?

— C'est à peu près cela.

— L'ombre n'est pas plus un effet de lumière que la lumière n'est un effet d'ombre. L'ombre est une partie de ténèbres qui se cachent derrière la matière. Sans matière il n'y aurait pas d'ombre, pas de *ténèbres !* Cela ne prouve nullement que l'ombre existe ; mais pour nos yeux tels qu'ils sont faits : elle existe.

— Vous êtes vraiment paradoxal ! Vous doutez toujours de ce que vous voyez, et vous paraissez ne point douter de ce que vous ne voyez pas.

— Je ne puis faire autrement que de douter de ce que je vois, car je dois m'en référer à mes yeux et quelquefois à mes lunettes, mais je ne puis douter de ce que je ne vois pas avec mes yeux, tout en voyant avec autre chose.

— Peut-on voir avec autre chose qu'avec des yeux ?

— Sans doute. Rappelez-vous votre chambre remplie d'air. Vos yeux vous trompaient : ils ne vous faisaient rien voir ; mon esprit ne me trompait pas, car il me décelait la présence de beaucoup de choses.

— Vous voyez donc avec votre esprit ?

— Et vous-même ?

— Pas que je sache.

— C'est que votre esprit n'est pas encore cultivé, et n'étant pas cultivé, n'est pas lumineux.

— Et le vôtre ?

— Le mien est lumineux, il brille comme un soleil.

— Un soleil présomptueux !

— Présomptueux à raison, tandis que le vôtre ne brille guère plus qu'une lune présomptueuse à tort !

— Qu'en savez-vous ?

— J'en sais tout ce que je puis désirer savoir : il ne vous éclaire pas, donc il n'est pas lumineux. Cependant je crois qu'il peut le devenir, tout dépend de vous.

— Je ne crois rien de tout ce que vous me dites, mais à titre de curiosité, je vous pose une question.

— Allez-y. Puisque vous êtes curieux, ça ira...

— Eh ! bien, si tout dépend de moi, je veux rendre mon esprit lumineux, que faut-il faire ?

— Il faut le cultiver et c'est fort difficile ! D'abord, il faut *vouloir* le cultiver.

— Je le veux.

— Vous le voulez, c'est très bien, mais le pouvez-vous ? Vous vouliez être un Saint, l'avez-vous pu ?

— Je ne l'ai pu parce que je ne l'ai plus voulu après l'avoir voulu...

— C'est-à-dire que vous avez cru *pouvoir vouloir* et vous vous êtes trompé ! Il en serait de même pour la culture de votre esprit.

— Peut-être ! essayez donc.

— Impossible aujourd'hui, mais je tenterai l'épreuve un autre jour, et ma raison, la voici :

Dans n'importe quel travail, dans n'importe quelle entreprise, dans n'importe quelle étude si vous voulez commencer par la fin, vous n'obtiendrez jamais rien de bon. Je crois vous avoir démontré que je pouvais voir les choses comme vous et raisonner comme vous, mais que, ne pouvant vous-même voir les choses comme moi, il vous était impossible de raisonner comme moi. Et ce n'est pas tout ! Nous ne raisonnons pas uniquement d'après notre manière de voir, mais nous raisonnons aussi d'après notre manière de sentir, c'est-à-dire d'après nos sentiments. Or, il ne suffit pas de *bien voir*, il faut également *bien sentir*. C'est pourquoi je me propose de vous entretenir demain sur la cause de nos sentiments et la cause de nos différentes façons de sentir.

Un peu plus tard, nous parlerons de la culture de l'esprit et de la culture de... l'instrument de nos sens. Je l'appelle ainsi pour ne pas employer un mot qui ne vous dirait rien.

— A votre aise, Monsieur Méta, faites votre programme. Et les lois naturelles, n'en parlerons-nous jamais ? C'est là que le bât vous blesse !

— Comment ! je crois que nous en avons parlé, beaucoup parlé.

— Vous plaisantez ou vous vous moquez de moi ?

— Pas du tout, nous en avons parlé, je l'affirme.

— Alors vous êtes fou, ou je perds la tête.

— Mais non...

— Attendez... je devine, je devine. Vous n'êtes pas fou, je perds seulement la tête. Les lois naturelles sont comme la vue, comme les sentiments, comme... Il y a les miennes et puis les vôtres. C'est la seule explication possible.

— Vous êtes plus fort que moi. Je m'incline et je vous salue. A demain, Monsieur Maté.

IIIe DIALOGUE

La Gamme des Sentiments
Premier et dernier Sentiment

M. Méta. — Si j'ai bon souvenir, je crois vous avoir promis de vous parler des sentiments. Inutile de vous dire que je compte tenir parole, mais je voudrais, avant tout exorde, et afin de dissiper tout malentendu possible, je voudrais, dis-je, être renseigné sur ce que vous entendez par le mot *sentiment*.

M. Maté. — Vous provoquez la discussion, à vous de parler le premier.

— Je veux bien parler le premier, mais êtes-vous bien sûr de pouvoir parler le second ?

— Pourquoi cette insinuation ? Voudriez-vous dire qu'il ne me restera rien à dire ?

— Il reste toujours quelque chose à dire, même à ceux qui parlent pour ne rien dire. Heureusement vous n'êtes pas de ceux-là, je le proclame volontiers, et comme je suis bon enfant, je vous obéis, je parle le premier et je vous dis : le mot *sentiment* vient du verbe *sentir*.

— Et le verbe *sentir* a pour racine le mot *sens*.

— Très bien ! Par conséquent nos sentiments ont pour première origine nos sens.

— Oui... Attendez... sens, sentir, sentiments... oui, c'est la progression logique.

— En effet, votre progression paraît très logique comme il paraît très logique que possédant cinq sens, nous possédions également cinq sortes de sentiments.

— Quoi donc ! Parlez-vous sérieusement ?

— Je pense. Douteriez-vous de moi ?

— Non, mais... je vous connais bien.

— Et me connaissant bien vous m'appréciez fort mal, moi je vous connais mal et je vous apprécie très bien.

— Parce que vous avez cinq sortes de sentiments !

— Le nombre de mes sentiments est plus grand que vous ne croyez. D'ailleurs vous pouvez posséder mon premier, mais de longtemps vous ne posséderez mon dernier.

— Quel est donc votre premier sentiment ?

— Mon premier sentiment est le sentiment d'un sens qui tombe littéralement... sous les sens : le sentiment du toucher.

— Ce n'est pas un sentiment... comment dirais-je... un sentiment bien profond.

— Non, et c'est pour ce motif que je l'appelle premier : celui du commencement. Le toucher nous met en contact direct avec les objets matériels, il nous renseigne sur la forme, consistance, température, etc., etc. Le toucher n'est pas un sentiment selon la signification exacte de ce mot, mais il peut faire naître certains sentiments. C'est le plus vulgaire des sens, il est commun à tous les êtres vivants avec cette différence, que les êtres inférieurs ont le sens du toucher sans en avoir le sentiment. Le toucher est un sens matériel ; sans matière pas de toucher possible. Mais nous ne pouvons toucher que l'extérieur d'une matière quelconque, et cette matière ne peut toucher que notre propre extérieur ; en d'autres termes, l'intérieur d'un objet ou d'une matière quelconque ne nous est pas accessible, puisque l'intérieur qui devient accessible cesse d'être *intérieur*. Vous avez par conséquent raison de dire que le sentiment du toucher n'est pas très profond.

— Vous voyez que je m'y entends !

— En effet, mais vous vous y entendriez moins si je vous disais que tous nos sens peuvent, tour à tour, être considérés comme sens du toucher.

— Évidemment je m'entends aux choses *entendables*, mais je ne m'entends pas à toutes les bêtises que vous pourriez dire.

— C'est un tort, et c'est un autre tort de ne pas savoir discerner entre les vraies bêtises et les bêtises vraies.

— J'ai donc deux torts, mais ces deux torts découlent naturellement du grand tort que vous avez de ne pas vous expliquer clairement et simplement.

— Ce que vous appelez grand tort est ma meilleure qualité. Si je parlais simplement vous ne comprendriez pas ou vous me comprendriez trop facilement. Dans les deux cas le resultat serait identique. Vous avaleriez mes paroles comme on avale une tasse de lait, sans vous en apercevoir, et cinq minutes après, il ne vous en resterait pas même le souvenir.

— Avec votre système il me reste quelque chose : il me reste les torts !

— Ils vous resteront jusqu'à ce que vous vous en soyez débarrassé, ce qui, je pense, ne saurait tarder puisque désormais vous savez qu'ils vous restent. Vous n'auriez jamais songé à vous débarrasser de choses qui, à votre avis, ne vous restaient pas.

— Je ne puis me débarrasser de mes torts avant d'avoir acquis de nouvelles raisons et vous ne m'avez pas encore fourni ces raisons.

— Je vous les fournirai au moment voulu, faites d'abord de la place pour les recevoir.

— Oui, mais je connais l'histoire du cheval borgne échangé contre un aveugle et votre manière d'aborder les questions me rend très hésitant. Vous commencez toujours par une absurdité. Par exemple vous venez de me laisser entendre que la vue, l'ouïe, l'odorat pouvaient être considérés comme sens du toucher. Cette façon de raisonner sur les sens me paraît dénuée de tout bon sens.

— Rien n'est plus nécessaire qu'une absurdité quand il s'agit de combattre une autre absurdité.

— C'est de l'homéopathie !

— Laissez-moi vous expliquer. Lorsque je discute avec vous ce n'est pas pour vous convaincre, — vous savez que j'y tiens fort peu, — ce n'est pas pour vous démontrer la véracité de mes théories, mais c'est surtout pour vous démontrer l'erreur des vôtres.

— J'admets que vous ne paraissez guère tenir à ce que j'adopte vos théories, car au premier abord vous faites tout votre possible pour m'y rendre hostile, plus hostile que je n'y suis déjà.

— Parfaitement. C'est le seul bon moyen qui me reste pour vous faire approuver ce que vous n'approuvez pas.

— Je ne vous comprends plus.

— C'est pourtant bien compréhensible. Vous êtes hostile à mes théories parce que vous estimez trop les vôtres. En augmentant chez vous l'hostilité que vous avez pour les miennes, j'augmente d'autant l'estime que vous avez pour les vôtres. Dès lors, vous êtes dans l'exagération, vous êtes infatué de vous-même, votre hostilité contre moi et votre estime pour vous n'étaient d'abord que des erreurs, de petites erreurs, mais en les exagérant vous en faites de grandes, très grandes erreurs qui deviennent ridicules, et crèvent les yeux aux moins clairvoyants. Naturellement, vous vous en apercevez, un doute naît dans votre esprit, et par un effet de *choc en retour,* vous *inversez* le sens de vos erreurs. Vous êtes alors dans le chemin qui conduit vers le domaine de mes théories et je ne puis rien désirer de plus.

— Vous ne pouvez rien désirer de plus, c'est très bien, mais c'est très égoïste. Vous vous souciez beaucoup de vos désirs, mais peu des miens.

— Que désirez-vous donc ?

— Je désirerais vous voir revenir vers le sujet de notre entretien : la question des sentiments. Vous vous êtes passablement égaré.

— Je me suis égaré pour vous suivre.

— Seulement, vous vous perdez dans des questions oiseuses qui nous font perdre un temps énorme.

— Ce que vous appelez du temps perdu est tout simplement du temps gagné. Sans les explications que vous appelez *oiseuses* nous n'aurions jamais pu nous entendre.

— Et après, nous ne nous entendrons plus du tout.

— Au contraire, vous allez voir. En vous laissant de-

viner que tous nos sens pouvaient être considérés comme
sens du toucher vous avez bondi.

— En effet.

— C'est ce qui a motivé les explications que vous me
reprochez. Je vous ai dit que le toucher, le véritable
toucher est un sens matériel parce qu'il nous met en
contact avec les objets matériels. Or, si les sens autres
que le toucher, ne nous mettent pas en contact avec la
matière matérielle, ils nous mettent en contact avec autre
chose, avec *d'autres matières*.

— Qu'entendez-vous par *autre chose* ? Existe-t-il d'autre
matière que la matière matérielle ?

— Il n'existe qu'une matière, mais cette matière existe
sous toutes les formes possibles et imaginables, dans le
matériel comme dans l'immatériel.

— La matière immatérielle ! Mais c'est un non sens !

— Et le visible invisible ?

— C'est un autre non sens.

— Ce sont deux non sens... pour quiconque n'a pas tous
les sens du bon sens. Je pourrais vous citer un savant
qui dit ceci : « Le visible n'est que de l'invisible con-
densé ; l'invisible n'est que du visible dilaté ; en d'autres
termes, toute matière visible peut devenir invisible en
se dilatant ; toute matière invisible peut devenir visible
en se condensant. »

— C'est possible, mais il n'est guère d'usage d'appeler
matière une chose invisible.

— Si vous vous fiez aux usages, vous serez souvent
dans l'erreur.

— A quoi faut-il se fier alors ?

— Il faut se fier *au sens du bon sens*. Permettez un
exemple : Je prends dans ma main une goutte d'eau, vous
la voyez, c'est bien une chose matérielle. Je l'expose au
soleil et dans deux minutes cette goutte d'eau a disparu,
elle a cessé d'être matérielle pour devenir immatérielle,
mais du fait qu'elle a disparu il ne s'ensuit pas qu'elle
a cessé d'exister. Voici un bloc de pierre, voici un tronc
d'arbre ou autre chose, je vois d'abord la forme matérielle,
consistante, palpable, etc..., mais cette forme matérielle
contient une quantité de choses plus ou moins *immaté-
rielles : * eau, air, gaz, fluide odeur, etc...

— Ce que vous me racontez là, n'a rien à voir avec les sentiments.

— Ne vous impatientez pas ; il faut bien que je trouve des exemples pour vous faire *sentir* les rapports qui existent entre la *chose qui sent* et la *chose sentie*, c'est-à-dire : entre la matière *sentimentale* et la *matière sentimentée*. Excusez ce barbarisme, il rend très bien ma pensée. Voyez, je prends un sac de toile, je le remplis de gros cailloux.

— Et votre sac est plein de cailloux !

— Non, il n'est pas plein du tout, mais je vais essayer de le remplir en ajoutant des petits cailloux qui s'intercaleront dans les gros.

— Oh ! alors il sera bien plein !

— Non, mais je vais ajouter du gravier fin qui s'intercalera dans les petits cailloux.

— N'est-il pas encore plein ?

— Pas tout à fait, laissez-moi ajouter du sable qui prendra place dans le gravier.

— Cette fois-ci il est bien plein.

— Pas encore. Mais il pourra l'être quand j'aurai ajouté de l'eau qui s'infiltrera dans le sable.

— Et après ?

— Après, il commencera à être plein si j'ai eu la précaution d'ajouter à mon eau des drogues, des gaz, des parfums, bref, un tas de choses très subtiles qui se répandront dans tout le contenu du sac.

— Il vous en faut des choses pour remplir un sac !

— En effet, il m'en faut beaucoup, et cependant je ne suis pas très sûr qu'il soit bien plein. Enfin, peu importe, et pour en revenir à la question des sentiments, laissez-moi vous dire que moi, vous, nous sommes de véritables sacs.

— Des sacs à cailloux ?

— Non, pas des sacs à cailloux, mais des sacs à sentiments, ou, si vous préférez, des sacs remplis de sentiments, lesquels sentiments sont contenus les uns dans les autres en commençant par les plus grossiers jusqu'aux plus subtils. Me comprenez-vous ?

— Un peu, mais votre comparaison n'est pas heureuse. Ça vous va de vous comparer à un sac, moi non. Vous

n'êtes pas flatteur ni pour vous, ni pour moi, ni pour les
sentiments que vous prenez pour des cailloux.

— Dans votre sac, les cailloux représentent les sens
le toucher est le premier sens, le plus simple, le plus
riaux représentent des sens moins matériels, qui peuvent
nous mettre en contact avec des choses extérieures également moins matérielles. C'est pourquoi, je le répète,
le toucher est le premier sens, le plus simple, le plus
vulgaire et le moins sûr. Les sens ont donc une *hiérarchie*,
mais cette hiérarchie n'est pas encore bien vaste chez
l'homme, et tous les hommes ne la possèdent pas pareillement. Posséder des sens et même de bons sens n'im-
plique pas la possession de sentiments. A ce point de
vue, la valeur de nous-même dépend du perfectionnement,
du *raffinement* pourrais-je dire, que possède le contenu
de notre sac. Nos meilleurs sentiments, ceux qui font
vibrer notre âme, sont comparables à des parfums subtils
qui s'exhalent du fond de nous-même et baignent tout
notre être.

— Vous m'amusez beaucoup, continuez.

— La hiérarchie des sens ou hiérarchie des sentiments,
peut se diviser en deux branches. D'un côté, les sentiments qui, prenant naissance à notre extérieur, se dirigent vers notre intérieur et peuvent arriver à effecter
notre âme ; d'un autre côté, les sentiments qui, prenant
naissance dans notre intérieur se dirigent vers notre extérieur et peuvent arriver à affecter d'autres âmes. Les
premiers — j'en ai déjà parlé — sont les plus matériels,
les plus vulgaires. La plupart d'entre eux ne dépassent
pas la limite de nos sens proprement dits, et, n'arrivant
pas jusqu'au fond de nous-mêmes, nous affectent peu
ou pas du tout. Les seconds sont les plus *immatériels* et
sont, de ce fait, naturellement affectifs ; ils valent ce
que nous valons nous-mêmes, tout ce que vaut le contenu
le plus subtil de notre sac précité.

— Parlez-moi donc du sac !

— Dans la première branche nous trouvons beaucoup
de nos défauts : l'orgueil, la luxure, l'avarice, etc., etc.
Ces défauts représentent dans notre sac des matières sentimentales grossières qui vibrent *inharmoniquement* et en

sens *rétrograde*. Ces vibrations agissent à la manière d'une force centripète, elles nous encerclent, nous étouffent et obligent notre âme à se *recroqueviller* sur elle-même. Nous nous sentons seuls parce que nous ne sommes que pour nous. Dans la seconde branche nous trouvons à peu près toutes nos bonnes qualités : l'amour du prochain, la charité, la bonté, la compassion, etc., etc. Ces qualités, quand nous avons le bonheur de les posséder, représentent dans notre sac des matières sentimentales extrêmement subtiles, extrêmement pures, qui vibrent harmoniquement en *sens direct*, c'est-à-dire que ces vibrations naissent dans les profondeurs de notre âme, et, agissant à la manière d'une force centrifuge, elles élargissent notre sphère de rayonnement en nous dégageant des liens matériels qui nous oppriment.

— Je n'entends pas grand'chose à ce que vous dites, mais parlez toujours, je vous trouve amusant.

— C'est la preuve que vous commencez à *inverser* le sens de vos erreurs. Sans cela, vous me trouveriez *assommant*. Mais, laissez-moi continuer et vous dire qu'il existe d'autres sentiments dont les vibrations n'ont rien de précis étant par leur nature l'incohérence même. Ce sont les sentiments de colère, de haine, de vengeance, etc. Dans ce cas, la matière qui vibre n'est pas subtile et pure ; elle est lourde, opaque et grossière. Elle vibre en zig-zag, en tourbillon et cause le trouble et le désordre dans tout notre *moi*. Lorsque ces sentiments vibrent, notre *sac* est en *ébullition*, en désarroi, sous l'empire de leur activité, tout s'efface, tout cède, rien ne résiste : nous sommes à leur merci, nous ne nous appartenons plus. Je vous expliquerai plus tard le préjudice que nous pouvons en subir, et combien il est difficile de rétablir une harmonie rompue.

— Vous m'avez comparé à un sac, allez-vous maintenant me comparer à une guitare ?

— J'aurais pu choisir la guitare, mais j'ai pensé que le sac fournirait une image mieux comparable aux divers degrés de matérialité et de subtilité de tout ce qui est en nous, de toutes nos *matières sentimentales*.

— La guitare aurait mieux fait mon affaire par la raison

que, sachant le nombre de mes cordes, j'aurais connu le nombre de mes sentiments.

— J'ai le regret d'avoir à vous dire que vous êtes bien mauvais musicien. Le nombre de notes que peut donner une guitare n'est pas limité par le nombre de ses cordes. Mais laissons la guitare tranquille, tout en essayant de faire vibrer la corde de nos véritables sentiments.

— Faites vibrer ce que vous voudrez, mais ne tirez pas trop sur la corde.

— Vous connaissez, je pense, le sentiment de l'amour du prochain.

— Parfaitement, et sans me flatter je puis vous affirmer que j'aime beaucoup mon prochain.

— Vous aimez surtout ceux qui vous aiment.

— C'est bien naturel.

— Aimez-vous aussi ceux qui ne vous aiment pas ?

— Ah ! non, et c'est encore bien naturel.

— Quant à ceux qui vous détestent, qui vous haïssent, qu'en pensez-vous ?

— Je les déteste et je les hais à mon tour.

— Dans ces conditions, votre amour du prochain me paraît bien restreint. Étant donné que le prochain c'est l'humanité toute entière, ceux qui vous aiment forment un bien petit lot à côté de ceux qui ne vous aiment pas. Vous aimez ceux qui vous aiment parce que vous *aimez d'être aimé*, c'est-à-dire que vous aimez surtout vous-même. Et quand vous détestez ceux qui vous détestent, c'est encore par égoïsme. Vous éprouvez un plaisir féroce à haïr ceux qui vous haïssent. Ce plaisir est la seule véritable raison de votre haine, puisque si vous appreniez tout à coup que cette haine vous est rendue par de l'amour, vous en seriez bien contrarié : peut-être en éprouveriez-vous une grande déception, sinon une grande peine, — car vous n'êtes pas un ingrat ?

Et alors vous n'auriez plus aucun plaisir à haïr, au contraire, vous souffririez de votre propre haine, et vous ne haïriez plus.

— J'aimerais bien savoir si vous pourriez aimer quelqu'un qui vous déteste.

— Il m'est impossible d'en faire l'expérience, par la

raison bien simple que personne ne me déteste, et que personne ne peut me **détester**. J'aime mon prochain, j'aime l'humanité, j'aime tout le monde. La haine n'a pas d'écho chez moi. La haine, c'est comme l'amour, plus on la partage plus on en a. Moi, je ne partage pas la haine, je ne partage que l'amour.

— A la rigueur, je comprendrais que vous ne haïssiez pas ceux qui ne font que vous haïr, mais pouvez-vous aimer ceux qui vous haïssent et vous font du mal ?

— Seuls, ceux qui me haïraient, pourraient me faire du mal. N'étant haï de personne, je ne crains rien de personne. Néanmoins, si j'avais à subir le mal de quelqu'un, je le rendrais par le bien. Le bien ferait cesser le mal comme l'amour éteint la haine. Je ne vous dirai pas que j'aimerais ceux qui me feraient du mal — je suis encore trop homme, c'est-à-dire trop faible — mais je puis vous dire que je les plaindrais, je les plaindrais sincèrement, et plaindre quelqu'un n'est-ce pas déjà, *un peu l'aimer ?*

— Et pourquoi les plaindriez-vous ?

— Je les plaindrais parce qu'ils seraient à plaindre de posséder un sac si peu évolué, un sac dont le contenu serait de bien mauvaise qualité. Que de peines, que de souffrances pour améliorer cela !

— Plaindre les malheureux, les pauvres, les affligés du sort, je l'admets, mais plaindre les méchants c'est plutôt ridicule.

— Qui peut le plus peut le moins. Chacun plaint ce qu'il peut plaindre, c'est-à-dire ce que ses sentiments lui permettent de plaindre. Vous plaignez les malheureux, moi je les plains comme vous, même quand je ne suis pas sûr qu'ils soient réellement à plaindre.

— Et les heureux les plaignez-vous aussi ?

— Où sont-ils vos heureux ? Sans doute les fortunés, les jouisseurs, les détenteurs de pouvoirs, les grands de la terre ! Oh ! alors... pauvres gens !... pauvres sacs !... laissez-moi pleurer...

— Vous pleurez de ce qui me fait rire.

— C'est parce que vous n'avez pas mes sentiments.

— Avez-vous les miens ?

— Non, heureusement pour moi, mais je les ai eus. Il

fut en temps où je ne faisais que rire et ne pouvais pleurer. Aujourd'hui le rire est disparu, il me reste le sourire et j'ai les pleurs en partage.

— Vous êtes donc bien malheureux ?

— Non. A l'époque où je riais, je ne savais pas que le rire, — bien entendu le mauvais rire, — salît nos sentiments, et que pour laver nos sentiments, il faut des larmes. J'étais donc à plaindre : j'étais malheureux sans le savoir. Plus tard, j'ai dû pleurer mon rire. Ah ! quel malheur, cher ami ! Quelle lessive ! Maintenant je pleure mes pleurs et j'entrevois enfin le véritable bonheur.

— Vous pleurez toujours et vous êtes content de pleurer, moi je ris et je suis content de rire.

— Vous connaissez la joie de rire ? Ah ! si vous connaissiez la joie de pleurer, vous ne voudriez plus rire, jamais plus rire !

— Je ne vous dis pas le contraire, mais pour le moment je préfère rire.

— C'est très commode de préférer une chose qu'on a, mais il vaudrait mieux préférer ce qu'il serait préférable d'avoir. Or, rien n'est préférable à ce que j'appelle mon *dernier sentiment*.

— Quel est donc votre dernier sentiment ?

— Je vous l'ai déjà dit : c'est le sentiment des larmes et c'est la plus grande joie accessible aux humains. C'est le *tréfonds* de *notre sac* qui s'exhale en parfum en harmonie et en félicité.

— Le *terminus* des sentiments quoi ! Rien n'existe au delà.

— Grand Dieu, si ! Mais ce qui existe au delà est tellement plus parfait, tellement plus sublime, que je ne me sens pas capable de vous le décrire. Seuls, ceux qui éprouvent de tels sentiments pourraient vous en parler... si toutefois vous pouviez comprendre leur langage.

— Vous êtes enfin modeste, vous convenez qu'il existe des hommes plus parfaits que vous.

— Des hommes, non. Des surhommes, oui.

— Et où sont-ils vos surhommes ?

— Ils sont là où vous serez un jour, mais vous n'y arriverez que longtemps après moi, même si je dois partir longtemps après vous. Ils sont là où nous irons tous...

oui, tous... dans des délais variables... selon notre mérite... après des existences bien remplies... là où vont
ceux qui, ayant assez souffert et assez pleuré, possèdent
enfin le dernier sentiment humain !

— Pourquoi ces réticences, pourquoi ces métaphrases,
parlez-moi ouvertement.

— A quoi bon ! vous ne me croiriez pas... c'est que...
vraiment... c'est si beau... Tenez, laissez-moi pleurer...

— Suis-je bête ? J'ai presque envie de pleurer aussi...

1ᵉ DIALOGUE

Bonté, Sincérité, Méchanceté

Le Bien et le Mal dans la culture spirituelle

M. Maté. — Je vous ai dit précédemment que les sentiments formaient une hiérarchie, une sorte de gamme va-
riée qui a pour limites extrêmes : en bas les sens les plus
matériels, les plus extérieurs à notre moi ; en haut les sentiments les plus immatériels, les plus intérieurs, c'est-à-
dire les plus subtils et les plus profonds de notre âme.

L'homme ne peut posséder en même temps tous les
sentiments dévolus au genre humain ; il n'en possède qu'une
partie, sa part à lui, et presque toujours il s'en contente.

M. Méta. — C'est, je crois, ce qu'il y a de mieux à
faire.

— Là n'est pas la question, pour le moment du moins,
mais je trouve dans vos paroles la confirmation de ce
que je viens de dire : vous, comme tant d'autres, vous
faites ce qu'il y a de mieux à faire : vous vous contentez
de vos sentiments et n'en désirez pas de meilleurs ni de
pires.

— Pourquoi désirer ce qu'on n'a pas ? Je suis assez bon, assez raisonnable et n'ai nullement envie de devenir méchant.

— Si vous êtes assez bon, je vous approuve sans réserves. En bonté, comme en tout autre chose, il suffit *d'avoir assez*. Seulement, pour avoir assez de bonté, ne faut-il pas en avoir de reste ? Vous n'en aurez pas assez si vous en avez juste assez. Je connais un vieux proverbe campagnard qui dit ceci :

> « Sur la table le pain a manqué
> S'il n'en est point resté. »

— Vous estimez donc que l'homme doit avoir plus de bonté qu'il n'en faut pour être bon, c'est-à-dire qu'il doit être trop bon pour être assez bon ? Ne sauriez-vous pas que pour être trop bon on court le risque d'être trop bête ?

— Alors, d'après vous, la bonté serait l'apanage des bêtes ?

— Non, mais il y a bonté et bonté, comme il y a fagot et fagot.

— Evidemment, et je vais vous dire pourquoi : la bonté des bêtes, si bonté il y a, est toute *passive*, c'est le *commencement* de la bonté, tandis que la bonté humaine est toute *active*, ou, du moins, plus ou moins active, selon le degré d'évolution de l'être. La méchanceté étant l'envers de la bonté existe d'après un principe absolument contraire. Les bêtes, la possèdent à l'état *actif*, tandis que les hommes, — j'entends les hommes qui sont réellement des hommes, — ne la manifestent qu'à l'état passif. Les bêtes ne savent pas si elles sont bonnes ou méchantes ; elles n'ont pas conscience de leurs sentiments ; elles n'agissent que par instinct. Les hommes ont conscience de leurs sentiments, mais l'opinion qu'ils ont de *soi* a bien peu de valeur, puisqu'ils ne s'aperçoivent pas de leur méchanceté quand ils en ont trop, tandis qu'ils s'en aperçoivent beaucoup quand ils n'en ont pas assez. Peu d'hommes désirent plus de bonté qu'ils n'en possèdent, presque tous se contenteraient de moins.

— Vous calomniez le genre humain !

— Au contraire, c'est vous qui, en me contredisant,

voudriez le calomnier. N'avez-vous pas dit que lorsqu'on
est trop bon...

— J'avoue que j'exagérais... un peu. Je voulais dire
trop, trop bon. La bonté est bien une qualité, mais un
excès de bonté est toujours un excès, et un excès est souvent un défaut.

— Vous parlez comme un sage. J'approuve votre pondération.

— Oui, j'aime la pondération, j'aime la juste mesure
et si j'avais à choisir une devise ce serait celle-ci :

Ni trop, ni trop peu.

— ...En vous réservant de supprimer le premier *ni*, quand
cela vous ferait plaisir !

— Vous supposez ma devise bien... élastique.

— Je la suppose semblable à toutes celles des autres
hommes, car je connais les hommes. Vous ne voudriez
pas faire exception à la règle, à la loi, devrais-je dire.

— Drôle de loi !

— Drôle si vous voulez, autant que l'homme est drôle
par les contradictions qui existent en lui-même.

— Quelles contradictions ?

— Oh ! insignifiantes. Simples questions de *ni* ! Dans
les affaires de sentiments vous dites vous-même : « ni
trop ni trop peu. » Gardez-vous la même formule dans
les affaires d'intérêts matériels ?

— On peut avoir trop de bonté, trop de biens jamais !

— Ceci n'est pas encore prouvé, mais je reconnais que
c'est l'opinion générale. L'homme — quelqu'un l'a dit —
tient plus à ses biens qu'à sa vie. A-t-il tort ou raison ?

— Il a tort, puisque en perdant sa vie, il perd ses biens
avec, tandis qu'en perdant ses biens il ne perd pas nécessairement sa vie.

— Les biens peuvent se perdre, reste à savoir si la
vie, — qu'il ne faut pas confondre avec notre existence
ici-bas, — reste à savoir si la vie peut se perdre aussi.

— Vous doutez d'une chose dont personne ne doute.

— C'est précisément ce qui donne de la valeur à mon
doute. L'homme agit bien plus souvent par intuition que
par raisonnement, mais il croit toujours faire le contraire.

Heureusement pour lui, car l'intuition ne trompe guère
tandis que le raisonnement induit souvent en erreur. Si
l'homme tient peu à la vie, c'est que l'intuition lui suggère
qu'il n'a pas à s'inquiéter de la perdre. Il en est de même
pour ses biens spirituels auxquels il tient encore moins
qu'à sa vie, sans doute parce qu'il a l'intuition que personne ne saurait les lui ravir. Mais les biens matériels !
Voilà ce qui l'intéresse. L'homme matière veut posséder
la matière et briller par elle. Il en est deux fois malheureux : d'abord par le désir immodéré de ce qu'il ne possède
pas, ensuite par la crainte de perdre un jour ce qu'il possède déjà.

— Il faut bien un peu d'ambition, sans quoi, que de-
viendrions-nous !

— Je ne vous ai jamais dit le contraire. En ce monde,
il faut tout ce qui *est*. Nul doute qu'ailleurs il faut ce
qui n'est pas... ici. La nature arrange bien les choses.
Apparemment, pour nous qui philosophons, l'homme a
des idées de conduite contraires à ses plus grands intérêts. Et pourtant, ici-bas, dans la *phase* où nous vivons,
rien ne serait plus à regretter qu'il en fût autrement.

— Vous trouvez des défauts aux hommes, vous leur donnez tort, et puis vous leur donnez raison d'avoir tort !

— J'ai dit : dans la *phase* où nous vivons. Eh ! bien,
dans cette phase, si l'homme ne persévérait pas dans la
matière, son évolution serait bien difficile. (Il n'en serait
pas de même dans un monde plus avancé.) C'est son ambition — juste ou fausse — qui l'oblige à se créer des difficultés et à lutter pour les vaincre. C'est en luttant, en
souffrant et en pleurant qu'il se façonne dans ce *creuset*
de la vie matérielle, où les bourreaux de la matière sont
les bienfaiteurs de l'esprit.

— Laissez-moi réfléchir un peu. Tout cela n'est pas
très clair.

— Alors, je suis content de moi.

— Vous plaisantez. C'est que vous ne pouvez pas vous
expliquer plus clairement.

— A quoi bon ! Voyez Bouddha, voyez le Christ, est-ce
qu'ils parlaient clairement ? Et pourtant ils ont été compris.

— Vous ne vous comparez pas à Bouddha ni au Christ,
je suppose ?

— Pas tout à fait, mais ne soyez pas cruel, vous me démontez, que voulez-vous que je réponde ?

— Je ne veux rien du tout, c'est-à-dire que je veux ce que vous voulez.

— Alors je recommence, ou plutôt je continue en m'efforçant d'être plus clair... ou moins. J'exprimerai d'abord une opinion toute personnelle qui vaut ce qu'elle vaut, et que voici : Le plus grand intérêt des hommes serait d'acquérir des biens spirituels. En général, telle n'est pas notre manière de voir, aussi nous nous lançons corps et âme à la poursuite de biens matériels qui nous paraissent d'autant plus difficiles à acquérir que nous avons plus de loyauté et plus de bonté d'âme.

— Oh ! oui, de nos jours, pour réussir dans les affaires, il ne faut pas trop de bonté. C'est le cas de répéter : Quand on est trop bon...

— Certes, si vous vous aventurez à traiter des affaires avec des bandits, vous serez à plaindre ! Heureusement, les braves gens ne fréquentent que les braves gens, et alors ils n'ont rien à craindre de se montrer bon.

— Il n'y a rien à craindre de se montrer bon à la condition de ne pas l'être.

— D'après vous il y aurait avantage à se montrer méchant et à l'être réellement.

— On peut toujours feindre de l'être tout en ne l'étant pas. On craint tant les **méchants** et on respecte si peu les bons.

— Vous ignorez qu'à côté de la crainte il y a le dédain. Vous feignez d'être bon, vous feignez d'être méchant. mais n'étant ni l'un ni l'autre, vous êtes bien peu de chose, sinon un parfait comédien !

— Est-ce que la vie n'est pas une comédie ?

— Hélas !

— La vie cessera d'être une comédie le jour où les hommes auront perdu leurs travers, leurs défauts, et tout ce qui les rend ridicules. Ils pourront alors être sincères sans crainte d'avoir à s'en repentir.

— Je dois reconnaître qu'il n'est pas toujours avantageux d'être sincère, surtout envers ceux qui ne le sont pas. La sincérité est une fille pudique qui ne doit sourire qu'à

bon escient. Mais si nous ne pouvons pas toujours être sincères envers autrui, nous pouvons et nous devons toujours être sincères envers nous-mêmes.

⁎ La sincérité peut se montrer active ou rester passive
à la condition d'être toujours sincère.

— Vous n'êtes pas un esprit pratique, vous ne ferez
jamais fortune.

— C'est ce qui pourrait vous tromper. La bonté n'est
pas incompatible avec l'acquisition de biens. Il s'agit de
choisir le milieu dans lequel on établit ses affaires. Avec
les méchants, il y a tout à perdre si on n'est pas méchant
soi-même, mais avec les braves gens la bonté n'est jamais de reste ; elle ne peut que faire gagner.

— C'est-à-dire que chacun doit faire son commerce avec
les gens de son espèce ?

— Vous me comprenez mal. Les braves gens ne doivent
commercer qu'avec les braves gens, mais les méchants
peuvent commercer avec tout le monde, et leur avantage
sur autrui, se mesure à leur propre méchanceté.

— A la bonne heure ! Vous voyez qu'il n'y a rien à
gagner dans la bonté, et que lorsqu'on est trop bon...

— Je comprends, vous ne voulez pas être trop bête,
vous préférez que les autres le soient pour vous et à
leur détriment.

— Je proteste, je n'ai pas voulu dire cela. Je ne veux
pas du tout que les autres soient trop bêtes pour moi,
je me contenterais seulement de ne l'être pas pour les
autres. Je n'entends pas user d'offensive, mais je reste
sur la défensive et je me défends.

— Votre défensive correspond à votre bonté. Quand on
veut tant se défendre, on n'a pas à regretter de s'être
trop défendu, et si on le regrette, c'est comme si on regrettait
d'avoir été trop bon.

— D'après vous, il ne faudrait pas se défendre ?

— Qui vous l'a dit ? Il faut se défendre quand on y est
contraint, mais il vaudrait mieux n'y être jamais contraint. Dans tous les cas, il faut se défendre avec fermeté,
certes, mais avec mesure, afin d'éviter, — ce qui est
toujours à craindre — qu'une défense légitime ne dégé-
nère en une offense, ce qui renverserait les rôles, et

ferait du premier offenseur un deuxième offensé. S'il
faut nous défendre, défendons-nous, mais faisons toujours en sorte que jamais personne n'ait à se défendre
de nous !

— Si vous ne faites que vous défendre vis-à-vis de ceux
qui vous attaquent, vos ennemis auront beau jeu. J'estime qu'on ne doit pas attaquer, mais si on est attaqué,
il faut riposter !

— Tous les individus, tous les peuples disent comme
vous : « Nous ne voulons attaquer personne ! » S'ils étaient
sincères, les conflits seraient fort rares. Malheureusement,
on ne veut pas attaquer, on veut se défendre ! On veut
défendre ses droits ; ceux qu'on a, ceux qu'on pourrait avoir,
et à défaut de droits, on veut défendre ses torts. On défend ainsi toujours quelque chose, mais ce qu'on défend
le mieux c'est le droit d'offenser autrui.

— Vous êtes un pacifiste ? Ah ! elle est belle cette
théorie du pacifisme qui a mis la France à deux doigts
de sa perte.

— Encore une fois vous vous trompez sur mon compte.
Est-ce que j'ai nié le droit de se défendre ? Et alors que
voulez-vous de plus, puisque vous convenez vous-même
qu'il ne faut pas attaquer ?

— D'accord, mais la défensive que vous défendez me
parait un peu tiède... Ceux qui ne vous connaîtraient pas,
pourraient y voir un signe de faiblesse.

— Mon cher ami, il y a tant de sortes de faiblesses !
Vous connaissez la faiblesse faible, connaissez-vous la
faiblesse forte ?

— Qu'est-ce que vous allez inventer ! Ces deux mots
jurent de se trouver ensemble.

— Non, écoutez-moi. Vous êtes dans la rue ou ailleurs,
quelqu'un vous marche sur le pied. Naturellement vous
regimbez, vous vous mettez en colère, vous levez la main,
prêt à frapper. Pourquoi cela ? Parce que vous êtes faible, vous manquez de caractère, vous ne savez pas vous
maîtriser et, perdant toute mesure vous perdez tous vos
moyens pratiques. Vous auriez eu des excuses, peut-être
allez-vous recevoir des coups. A votre place, j'aurais agi
tout différemment. Sans doute qu'il y aurait eu en moi

un moment de colère, mais comme j'ai du caractère, comme j'ai de la volonté, j'en n'aurais rien montré, je me serais contenté de dire : Monsieur vous ne m'avez fait aucun mal, ce n'est rien du tout, d'ailleurs vous ne l'avez pas fait exprès... Et mon interlocuteur aurait été confondu.

— Vous aimez les belles manières, mais vous mettez beaucoup d'ostentation pour bénir... le pied qui vous frappe. Je comprends que pour un fait aussi futile qui n'a pas été voulu, vous vous montriez conciliant, mais je ne comprendrais pas que vous en fassiez de même pour un motif grave inspiré par la mauvaise foi.

— En bonté, comme en tout, il y a *les nuances*, et il est je crois, moins difficile d'acquérir la bonté, que de savoir en user avec discernement. Moi qui vous parle toujours de bonté, je ne vous cacherai pas ma croyance en l'utilité de certaines *méchancetés*. J'ajouterai même que s'il n'y avait pas de méchants, nous serions bien malheureux (pourrez-vous me comprendre ?), nous serions bien malheureux en ce sens que nous serions trop heureux, et qu'étant trop heureux, notre évolution deviendrait nulle, si toutefois elle ne rétrogradait pas.

— Vous êtes vraiment extravagant. Jusqu'ici la bonté était tout, et subitement vous changez d'idée. Je ne comprends plus rien à vos théories, je ne comprends plus rien à vos *redites* suivies de *contredites*.

— Vous allez comprendre, permettez un exemple.

— Parlez.

— Connaissez-vous la musique ? Êtes-vous musicien ? Êtes-vous harmoniste ?

— Je n'ai pas tous ces avantages.

— Alors, j'ai manqué mon coup, je me tais, vous ne me comprendriez pas.

— Parlez toujours, avec de la bonne volonté...

— Eh ! bien, vous n'ignorez pas tout au moins que l'étude de l'harmonie est excessivement laborieuse. Il faut d'abord apprendre les règles, des règles qui n'en finissent plus, et d'un rigorisme outré. Après les règles viennent les exceptions aux règles, bien plus nombreuses que les règles mêmes. C'est ainsi

que le débutant harmoniste, voit tout d'abord dans ces
règles tant de choses défendues, qu'il se rebute, le plus
ordinairement. Mais s'il persévère, il trouve dans les *exceptions* tant de choses permises, qu'il finit par en conclure qu'en harmonie, les exceptions sont les seules véritables règles. De là cette lubie qu'ont certains compositeurs
dits *arrivés*, cette lubie dis-je de chercher des exceptions
savantes ou extravagantes qu'ils se permettent d'autorité
mais qu'ils ne permettraient pas à leur dernier élève.

— Ce n'est pas ce qu'on appelle prêcher d'exemple.

— De là encore leur abstention pour ces bonnes formules
tant conseillées à l'école !... et j'en connais plus d'un qui
se garderaient bien d'écrire une cadence parfaite classique
par crainte de passer pour un ignare. Et ce n'est pas
tout ! Connaissez-vous la peinture ? Voyez les peintres. Il
leur faut des années pour apprendre l'art de la palette,
le mélange des couleurs et le maniement des pinceaux.
Mais dès qu'ils ont acquis du talent *coté*, ils ne mélangent
plus rien du tout, ils barbouillent des toiles aussi bien
et pas mieux que le premier apprenti venu !

— A quoi bon apprendre, si ce n'est pas nécessaire.

— Vous ai-je dit cela ? Rien n'est plus nécessaire que
d'apprendre, mais ceux qui ont appris n'aiment guère le
montrer.

— Est-ce par modestie ou par ostentation ?

— Je ne puis vous renseigner, mais si vous questionniez
ces hommes supérieurs, ils vous diraient sans doute, que
le savoir d'un homme est en partie double : ce qu'il sait
parce *qu'il le sait*, et ce qu'il sait parce qu'il *l'a appris*.

— Peut-on savoir quelque chose sans l'avoir appris ?

— Vous m'embarrassez beaucoup. Votre question moti-
verait un livre et je n'ai pas le temps de l'écrire. Ne
pouvant vous faire une réponse très longue, je vous la
ferai très courte en disant seulement : oui, et en ajoutant :
non. Déjà vous avez deviné que j'ai deux points de vue,
mais pour aujourd'hui, je ne puis m'engager trop loin...

— Si vous ne voulez pas vous engager trop loin, vous
voudrez bien, je pense, vous dégager en arrière. Vous venez de vous comparer à des hommes supérieurs : compositeurs *arrivés*, peintres *cotés*, que sais-je encore ! Malgré
tout le mérite que je vous reconnais, je vois là un

petit signe de *présomptuosité* qui ne cadre pas avec
vos théories.

— Vous êtes bien dur pour moi, mais vous vous trompez
bien aussi. Partez de ce principe que ce qui est semblable
n'a pas besoin de comparaison ; vous reconnaîtrez alors
que là où vous trouvez de la présomption il n'y a qu'un
peu de modestie et beaucoup de franchise. Les hommes
supérieurs dont je viens de parler, se contredisent comme
moi, c'est vrai, mais ce sont des novateurs ; ils pensent
tellement au progrès à faire, qu'ils oublient un peu le
progrès déjà fait, mais cependant, ne le nient pas. Ils
ébauchent des théories nouvelles qu'ils bâtissent sur les
anciennes. Moi je ne suis pas un novateur, je n'invente
rien, ce que je viens vous dire, est aussi vieux que le
monde, puisqu'il s'agit de l'utilité du Bien et de l'utilité
du mal, questions sur lesquelles les hommes n'ont jamais
pu s'entendre.

— Penseriez-vous par hasard que le mal peut être utile ?

— Quelquefois, oui, et quand il est utile c'est en général pour ceux qui le subissent et non pour ceux qui
le font subir.

— Moi, je ne crois pas à l'utilité du mal, et je doute-
rais presque de l'utilité du •Bien.

— Le Bien ne fait pas toujours du Bien, et peut parfois faire du mal à celui qui le reçoit, il ne fait jamais
du mal à celui qui le donne, sauf le cas où il est donné
avec intention mauvaise. Mais alors ce n'est plus du Bien,
c'est du mal véritable. Par contre, le mal fait avec une
intention louable, peut manquer son but, c'est-à-dire faire
du mal à celui qui le reçoit, non à celui qui le donne.

— Tout cela est bien compliqué.

— C'est la simplicité même. Le mal est chose rare...

— Que dites-vous ? C'est le Bien qui est rare !

— Je dis que le mal est rare, mais je redis que le Bien
est encore plus rare, parce qu'il est plus difficile à pratiquer.

— Avec vous, tout est rare, et puis, je ne serais pas
surpris de vous entendre dire que tout n'est pas rare !

— En effet, vous ne vous trompez pas, mais vous allez
vous tromper en croyant que je me contredis. Le Bien

n'est pas rare, le mal l'est encore moins, mais ce qui est
très rare c'est la connaissance de la vérité. Apparemment,
le Bien est rare, en réalité il ne l'est pas du tout puisqu'on le trouve jusque dans le mal même. Apparemment
encore, le mal n'est pas rare, on le trouve partout, jusque
sous le manteau du Bien. Et pourtant, j'affirme sincèrement que le mal est fort rare, — j'entends parler bien
entendu du mal qui n'est *que mal*. La nature dispose
de moyens merveilleusement simples pour fondre les caractères et cultiver les âmes. Seulement, elle garde ses
secrets, seule raison de sa force. Dire qu'elle garde ses
secrets est une façon de parler, car au fond elle n'a pas
à les garder, puisque, ceux à qui leur divulgation pourrait
porter préjudice, sont par cela même incapables de les
comprendre. Dans un monde enfant comme le nôtre, le
patrimoine de Bien acquis est fort petit. C'est à peine une
ébauche du grand Bien qui préside aux destinées de
mondes plus avancés, dans lesquels le mal a cessé d'être.
Ces mondes-là en sont arrivés à la *phase du Bien*, tandis
que le nôtre en est encore à la *phase du mal*.

— En voilà des phrases ! Mais je ne vois pas pourquoi
nous sommes si arriérés, pourquoi nous souffrons du
mal alors que d'autres jouissent du Bien.

— Ce que vous ne voyez pas, c'est comme si un enfant
se demandait pourquoi il n'est pas homme avant d'avoir
été enfant ; pourquoi le professeur est instruit alors que
lui, enfant, trime sur les bancs de l'école. L'enfant voudrait bien savoir autant que le maître, mais pour savoir,
il faut travailler. Il se trouve ainsi devant ce dilemme :
Savoir peu ou travailler beaucoup. S'il est libre de choisir,
que fera-t-il ? Heureusement qu'il n'est pas toujours libre,
et il s'en croit bien malheureux, car pour lui, la liberté
est un grand Bien et la servitude un grand mal.

— Les enfants raisonnent comme les enfants, les hommes c'est différent.

— Les hommes sont mieux de grands enfants que les
enfants ne sont de petits hommes. Les enfants reconnaissent parfois leur bien, quand les hommes le lui montrent.
Les hommes ne le reconnaissent pas toujours, même
quand ils le montrent aux enfants.

— D'après vos théories, il me paraît bien difficile de

savoir au juste où commence le Bien et où finit le mal.

— Que vous êtes insensé ! C'est comme si vous demandiez où commence le jour et où finit la nuit. Il reste presque toujours un peu de jour dans la nuit, et il reste parfois un peu de nuit dans le jour. Au fond, ce sont des questions inutiles ; ce qui est bien pour l'un, peut être mal pour l'autre, non seulement au point de vue *croyance,* mais aussi au point de vue *effet.* Prenez deux enfants, l'un doux, travailleur, obéissant ; l'autre fripon, paresseux et méchant. Du premier, vous obtiendrez tout par les bonnes paroles, les encouragements et les justes récompenses. Du second vous n'obtiendrez que peu de chose par les mêmes moyens, et vous serez peut-être obligé de recourir à la réprimande, à la correction, en un mot, à la force, et peut-être aux coups. Dans le premier cas, vous ferez du Bien par le Bien ; dans le second cas — si vous réussissez, — vous aurez fait du Bien par le mal. Voyez les maladies. Certaines affections demandent à être choyées, dorlotées pour guérir ; d'autres demandent des révulsifs ou le bistouri.

— C'est possible, mais il ne faut pas se tromper. Le médecin qui enfonce son bistouri là où il faudrait un cataplasme, ne fait-il pas du mal par le mal ?

— Il fait du mal *regrettable,* mais ce n'est pas du véritable mal s'il a agit avec intention bonne. Rappelez-vous cet adage : « C'est en se trompant qu'on apprend. » Donc, apprendre en se trompant est certainement un Bien.

— Il vaudrait mieux apprendre en ne se trompant pas.

— Celui qui serait capable de ne jamais se tromper en saurait assez pour n'avoir rien à apprendre. Un tel homme n'existant pas sur terre, on ne doit point blâmer ceux qui se trompent en croyant bien faire.

— ...et en faisant très mal. Aimeriez-vous les coups de bistouris intempestifs ?

— Non, mais si vous ne regardez pas les choses d'un peu haut vous n'apprécierez jamais la beauté ni l'utilité de certains sacrifices volontaires ou non...

— Belles phrases creuses, mais pleines d'emphase !

— Le mal est toujours à notre portée. Il est au pouvoir de tout le monde d'envoyer un coup de poignard, mais non de guérir une simple égratignure. Le Bien est difficile à trouver, et quand on le trouve, ce n'est pas toujours sans travail et sans effort, ce n'est pas toujours sans faire des victimes...

— Si le Bien fait des victimes, franchement je n'y comprends plus rien.

— Vous vous fiez trop aux apparences. Rappelez-vous notre premier entretien dans lequel je vous disais : Le Bien, c'est l'*avoir* ; le mal c'est le *Doit*.

— Ah ! oui, je m'en souviens.

— Le livre des âmes a deux pages pour chaque vie. Le livre d'un commerce a deux pages pour chaque jour. Or, des hommes qui naîtraient hommes et ne vivraient qu'un jour, sans savoir qu'hier a été et que demain sera, ne comprendraient rien du tout aux deux pages du livre commercial de ce jour même. Echéances, liquidations, prêts, avances, etc., seraient pour eux des choses inexplicables et absurdes. Ils verraient partout l'injustice parce qu'ils ne considéraient que le présent, sans tenir compte du passé, sans tenir compte de l'avenir. Il en est de même pour le livre des âmes. Le commerçant liquide chaque jour des affaires du passé, en même temps qu'il engage des affaires pour l'avenir. L'homme fait chaque jour sa destinée, il la subit ensuite. Le passé avait préparé le présent ; le présent prépare l'avenir et liquide le passé. Chaque être porte en lui un potentiel de Bien et un potentiel de mal qui lui appartiennent en propre. Mais le Bien se dépense comme l'or ; le mal est comparable aux dettes, avec cette différence que pour les dettes morales un seul argent a cours : celui gagné sou à sou à la sueur de son front. Dans les plaisirs et jouissances matérielles, on dépense du Bien acquis, et si on n'a pas du Bien on s'endette dans le mal. Dans la peine et la souffrance on liquide son mal, et si on n'a pas du mal à liquider, on acquiert du Bien. En un mot, le plaisir c'est du Bien, la souffrance c'est du mal. En dépensant son plaisir on se ruine spirituellement, comme en dépensant son or, on se ruine matériellement. La souffrance peut nous apporter des biens spirituels, comme le travail nous apporte des biens matériels.

— Vous m'épouvantez ! C'est à ne plus vouloir jouir.

Mais, qu'il s'agisse d'or ou de plaisir, à quoi sert d'en avoir si on ne s'en sert pas ?

— Ignoreriez-vous que le plaisir d'économiser est plus grand et plus durable que le plaisir de dépenser ? L'économie n'a pas de limite ; la dépense en a beaucoup. On peut toujours économiser, mais on ne peut pas toujours dépenser.

— Il y a des gens qui économisent beaucoup mais ne font pas d'économies ; il en est d'autres qui font beaucoup d'économies tout en n'économisant pas. Les premiers sont toujours prêts à s'enrichir ; chez eux l'acquis est bien acquis. Les seconds sont toujours prêts à se ruiner ; leur acquis n'est pas bien acquis parce qu'il l'a été sans peine et tôt ou tard il s'en va de même.

— Vous vantez l'économie, vous oubliez qu'elle est proche parente de l'avarice.

— Les grandes qualités voisinent souvent avec les grands défauts. Pour être économe il faut connaître le prix de son bien ; on a alors quelque chance de savoir économiser et de savoir dépenser. L'avare ne sait pas économiser : à tort ou à raison il économise toujours. Encore moins sait-il dépenser car à tort ou à raison il ne dépense jamais.

— Vous avez dit qu'en jouissant on dépense son plaisir. Vous vouliez parler sans doute des jouissances matérielles, frivoles ou malsaines, mais non des jouissances spirituelles, pures et sans tâches, des jouissances du cœur dans l'amour du prochain et l'accomplissement de devoirs.

— Quel qu'il soit, le plaisir dépensé est toujours bel et bien dépensé, seulement !... il y a un *seulement*.

— Vous me rassurez ; j'en attendais plusieurs.

— Seulement, dis-je, le plaisir c'est comme l'or ; on peut le dépenser utilement ou en pure perte. Le paysan qui jette son meilleur grain dans le sillon dépense effectivement son blé qui est son bien et il fait une bonne dépense. Il pourrait le jeter ailleurs que dans le sillon, il ferait alors une mauvaise dépense.

— Des hommes qui naîtraient hommes et ne vivraient qu'un jour...

— Oui, retenez bien cela.

— ...et ne vivraient qu'un jour ne s'expliqueraient pas pourquoi le paysan jette son meilleur blé.

— Ils seraient très excusables. Cela doit vous expliquer
pourquoi des hommes qui, par le fait de n'être pas nés
hommes, se développent au cours de nombreux jours
mais ne connaissent que leur présente vie, jettent si facilement leur plaisir et récoltent tant de souffrances.

— Non, cela ne m'explique pas grand chose sinon que
l'homme pèche plus souvent par ignorance que par méchanceté, et si la Providence existe, je lui trouve grand
tort de ne pas l'éclairer un peu.

— La Providence nous éclaire chaque jour et à chaque
instant ; nous ne savons rien que nous ne sachions par
elle. Mais comme si elle voulait nous laisser tout le mérite
de nos conquêtes, elle ne nous force pas à voir ce que
nous ne voulons pas voir ; elle ne nous oblige pas à devenir bons si nous nous obstinons à rester méchants.

— Vous l'avez déjà dit. Mais si la Providence ne nous
oblige pas à devenir bons, si d'autre part nous ne voulons pas le devenir nous-mêmes, je ne vois pas de progrès moral possible.

— Si vous ne voyez pas, c'est que probablement vous
ne regardez pas bien. Lorsque notre évolution est assez
avancée le progrès moral nous est assuré par le Bien ;
tant que nous sommes arriérés il nous est imposé par
le mal. Vous êtes-vous demandé quelquefois à quoi pouvaient servir les difficultés de l'existence ?

— Le mal collaborateur du Bien, voilà ce que je trouve
bizarre.

— Le mal, oui. Mais il faut savoir distinguer, d'abord :
entre le mauvais mal et le mal qui peut se muer en bien ;
entre le mal qu'on fait et le mal qu'on subit, et c'est
sur ce dernier que je voudrais attirer votre attention.
Quand nous subissons du mal, nous souffrons, or, rien
mieux que la souffrance ne porte à la bienveillance, à la
compassion et à l'amour du prochain. Quand nous souffrons, nous épurons notre *sac* ; nous nous débarrassons
de nos sentiments grossiers. Nous sommes malheureux
dans la souffrance mais nous sommes si heureux d'avoir
souffert ! D'ailleurs le poète a bien dit : « Rien ne grandit
comme la souffrance. » Il aurait pu ajouter : Rien ne
diminue comme la jouissance.

— Alors, en faisant souffrir notre prochain nous lui serions utiles tandis qu'en le rendant heureux nous lui serions nuisibles ? Voilà une bien singulière morale. C'est tout simplement odieux !

— Mon cher ami, vous voyez toujours les choses par le côté étroit. Il est permis de faire souffrir son prochain comme il est permis d'être inconscient ou d'être fou. Ceux qui connaissent l'utilité de la souffrance sont précisément ceux qui se gardent le plus de faire souffrir autrui. Leur degré d'évolution est définitivement orienté vers le Bien par le Bien, et de ce fait, ils ont perdu la capacité de faire le Bien par le mal. Par leur sensibilité affinée, ils souffrent la douleur des autres, aussi, rien ne leur répugne comme d'en être réduit à employer le mal, même lorsque ce mal est le seul Bien possible.

— Quand on veut faire le Bien on doit vouloir employer les moyens. Si la souffrance est un Bien, celui qui, sous prétexte de sensibilité, ne fait pas souffrir autrui, commet une lâcheté.

— Etre lâche, c'est capituler devant un devoir impérieux. Or, ce n'est pas toujours un devoir impérieux de faire souffrir autrui.

— C'est toujours un devoir de faire le Bien qu'on peut faire, et puisque d'après vous la souffrance est si utile...

— Certes, la souffrance est nécessaire, mais il n'en faut que ce qu'il faut, là où il faut. La quantité de souffrance mise en œuvre par les méchants est si largement suffisante que les braves gens n'ont pas à y coopérer.

— Alors les méchants seraient des bienfaiteurs sans le savoir.

— Presque toujours. Pensez-vous qu'il existe beaucoup de méchants capables de faire du mal dans le seul but de faire du mal ?

— Oh ! certainement.

— C'est ce qui vous trompe. Ceux qui font souffrir ont toujours un motif, ne serait-ce que le motif de leur propre intérêt ou de leur propre plaisir. Mais cet intérêt ou ce plaisir ne se trouvent pas dans la souffrance qu'ils imposent, celle-ci n'étant qu'une condition nécessaire pour obtenir autre chose. Par exemple, celui qui tue pour voler préfèrerait pouvoir voler sans avoir à tuer. Un plaisir obtenu par la souffrance d'autrui, est un plaisir volé. En général, on veut du plaisir mais on ne tient pas à faire souffrir. Et pourtant, dans la vie, il ne se passe guère de jour sans que nous fassions souffrir quelqu'un moralement surtout. Il n'est guère de jour sans que nous nous montrions méchants, même quand c'est notre bonté qui nous fait agir. On ne fait jamais de la peine à quelqu'un pour le plaisir de lui faire de la peine. La peine que nous faisons est une peine que nous renvoyons à celui qui nous l'a faite *sans nous avoir rien fait.*

— Permettez que je vous interrompe...

— C'est inutile, je sais que vous ne me comprenez pas bien. Vous allez me comprendre par cette petite histoire. Dernièrement, j'étais en chemin de fer lorsque à un moment donné, vinrent prendre place dans mon compartiment, un monsieur un peu âgé et une dame. Celle-ci tenait en laisse un superbe chien policier qui, enhardit sans doute par la sollicitude outrée que ses maîtres avaient pour lui, se montrait d'un sans-gêne révoltant. Il se frottait contre nous, posait ses pattes sur nos genoux, léchait nos mains, etc. Malgré tout le désagrément que nous causait cette bête par ses flatteries inopportunes, nous étions là quelques personnes qui nous contentions de sourire, affectant même de nous montrer aimables envers ce représentant de la race canine — que nous aurions volontiers jeté par la portière, mais que nous caressions pourtant pour ne pas désobliger ses maîtres. Ceux-ci croyaient sincèrement nous causer du plaisir ; ils en étaient ravis, mais je crois qu'ils étaient surtout fiers d'être propriétaires d'un animal si intéressant. Aussi, à tout moment, cette bonne dame prodiguait à son chien de copieuses embrassades et même des baisers ! A chaque station où un peu d'arrêt était prévu, Monsieur descendait du wagon pour promener la bête tandis que Madame regardait par la portière avec un air attendri...

— Ces gens-là se donnaient beaucoup de mal pour rien.

— Oui, beaucoup de mal pour un chien, ou plutôt, un vrai mal de chien ! Bref, le voyage était assez long. Cette comédie avait d'abord amusé les voyageurs — au nombre desquels j'étais — mais en se prolongeant, elle finit

par les rendre de mauvaise humeur, et les plus tolérants
finirent aussi par manifester leur mécontentement, d'abord
par des railleries, ensuite par des mots aigres-doux qui
eurent le don d'exaspérer Madame. Naturellement, le mari,
un Monsieur *très bien*, paraissait fort ennuyé de ce fâ-
cheux contre-temps, mais ne pouvant faire moins que
de prendre la défense de son épouse et de son chien, il
s'en suivit une dispute générale qui devint bruyante et
confuse dès l'instant où maître cabot jugea bon d'y mêler
sa belle voix en aboyant très... consciencieusement. La
situation devenant intenable, notre duo — on pourrait
dire *trio*, — s'empressa de changer de compartiment à
la première station, ce qui ne se fit pas sans échange
de quolibets et de paroles désobligeantes. Or, il est certain que nous — les voyageurs — il est certain que nous
causâmes beaucoup de peine à ces deux personnes, et,
peut-être même, au chien.

— Cela ne fait aucun doute.

— Cependant, croyez-vous que nous lui voulions véritablement du mal ?

— Je ne sais si vous lui vouliez du mal, mais je crois
savoir que vous ne lui vouliez aucun bien.

— Le contraire serait la vérité et je veux vous le
prouver. Cherchons d'abord le motif qui nous avait conduit à soulever cette querelle. Ces gens-là, — non, ce
chien-là, était gênant, certes, mais cette gêne n'était
pas la principale cause de notre irritation. C'est la mentalité de M. et de Mme qui nous faisait peine à voir, et
c'est à cette mentalité que nous en voulions parce que
nous la jugeons mauvaise, fausse et ridicule. A aucun
prix nous n'eussions voulu être comme eux. Nous les
considérions comme des inférieurs — mentalement parlant
— et nous en étions peinés, attristés, quelque chose nous
disait qu'ils étaient à plaindre plutôt qu'à blâmer, et
vous savez que, plaindre quelqu'un n'est-ce pas déjà *un
peu l'aimer ?* Nous pensions valoir mieux qu'eux et nous
aurions voulu les amener à valoir autant que nous, c'est-
à-dire que nous aurions voulu leur rendre un service.
Or, rendre service à quelqu'un n'est-ce pas déjà lui vouloir du Bien ?

— En attendant, vous lui faisiez beaucoup de la peine,

et il est fort probable qu'eux aussi jugeaient votre mentalité mauvaise, et auraient voulu vous amener à la leur.

— Parfaitement, et la raison c'est que, eux aussi, nous
aimaient un peu, et nous plaignaient beaucoup pour notre
cœur dur vis-à-vis de leur chien et d'eux-mêmes.

— Entre eux et vous il y avait par conséquent des
sentiments antagonistes, mais il n'y avait qu'un seul et
même principe.

— C'est le principe du Bien, ou plutôt le *désir
du Bien* vu sous un angle différent.

— Pour le principe, je vous l'accorde, mais il ne peut pas
exister deux Biens dans deux sentiments opposés. Votre
Bien à vous était un mal pour les autres et inversement.
Où était la vérité ?

— Il ne s'agit pas de connaître la vérité, — trop peu
de vérités nous sont accessibles, — il s'agit de constater
que l'homme se trompe souvent sur la cause de ses
sentiments, et sur l'effet que produiront ses actes. Dans
les sentiments qui vous paraissent antagonistes on peut
retrouver deux Biens également bien. De part et d'autre
l'intention était bonne et c'était largement suffisant pour
que le fait de se tromper devienne sans importance.

— Les bonnes intentions c'est très joli, mais j'en pré-
fèrerais de moins bonnes qui ne soulèvent pas de disputes
et ne causent pas d'ennuis à personne.

— Vous n'aimez pas les disputes, vous n'aimez pas les
ennuis, vous êtes un bien brave homme. Par contre, vous
aimez vos défauts — car vous en avez, croyez-le. Reste
à savoir si vous aimez les défauts des autres.

— Que j'aie des défauts, c'est possible, que je les aime
c'est encore possible, mais de là à aimer les défauts des
autres...

— Bien. Vous n'aimez pas les défauts des autres et encore moins les propriétaires de ces défauts.

— Je ne puis aimer ni ceux-ci ni ceux-là, mais au fond
j'y suis très indifférent, à la condition de n'en subir
aucune gêne.

— Et dans le cas contraire ?

— Oh ! alors, je les hais, et je deviens féroce.

— Or, comme les gens qui ont des défauts sont toujours gênants par le pouvoir qu'ils ont de gêner, même

quand ils ne gênent personne, j'en conclus que vous êtes souvent féroce. N'auriez-vous pas pour défaut de haïr les défauts des autres ? D'abord, pourriez-vous me dire ce que c'est , *un défaut* ?

— Non, dites-le moi vous-même.

— Un défaut est une chose qu'on aime beaucoup chez soi, et qu'on déteste beaucoup chez autrui. C'est un état morbide contraire aux lois de la nature et contre lequel nous n'avons pas pu ou pas su réagir. Un défaut c'est un peu de volonté perdue, atrophiée, une partie de notre Moi qui ne nous appartient plus ; c'est un maître un vrai tyran dont nous sommes involontairement l'esclave. Je dis : *involontairement* parce que peu d'hommes voudraient avoir des défauts... qu'ils n'ont pas, et bon nombre préféreraient ne pas avoir ceux qu'ils ont. Un défaut est une déformation mentale qui paralyse nos facultés comme une déformation physique peut paralyser nos mouvements. Nous obéissons à nos défauts parce que nous avons perdu — ou nous n'avons pas encore acquis — le pouvoir de les commander, mais nous ne voulons pas obéir aux défauts d'autrui. Etre atteint d'un défaut est un fait aussi patent qu'être atteint d'une maladie. Je dirais même que c'est une vraie maladie. Et alors, a-t-on le droit de mépriser un malade ?

— Je ne méprise pas les malades qui sont malades sans le vouloir, mais les défauts sont des maladies voulues, voilà pourquoi je ne plains pas ceux qui en sont atteints.

— Non, je vous le répète, personne ne *tient* à ces sortes de maladies, mais quand ces maladies nous *tiennent*, nous perdons la volonté de nous en débarrasser. Nous savons très bien cela pour nous, et cependant, nous oublions trop souvent que les autres hommes ne peuvent faire autrement que nous. Aussi, nous nous insurgeons contre ces malades qui, nous semble-t-il, s'obstinent à ne pas vouloir guérir. Au lieu de les traiter en malheureux, nous les traitons en misérables ; au lieu de les plaindre, nous les blâmons.

— Laissez-moi vous répéter que je ne blâme pas *tous* vos prétendus malades. Je ne blâme que ceux dont les défauts me gênent. Pour les autres, je suis très indifférent.

— En voilà du parfait égoïsme ! Vous ne pensez qu'à vous et dès que vous ne pensez plus à vous, vous ne pensez plus à rien : vous devenez indifférent ! Peu vous importe que vos frères en humanité aient des défauts, du moment que vous n'en souffrez pas, tout va pour le mieux. Vous poussez l'ironie jusqu'à montrer de l'indifférence pour des malheureux qui ne vous font aucun mal.

— Je n'ai pas d'ironie du tout. Mon indifférence est plutôt de la bienveillance.

— C'est de la bienveillance... malveillante, et rien de moins. Lorsqu'un malade de ce genre vous gêne, vous protestez, vous le secouez, et, s'il le faut, vous le maltraitez pour en arriver à le débarrasser des défauts qui vous gênent, c'est-à-dire pour le débarrasser de sa propre maladie. Vous seriez content de pouvoir le guérir, donc, vous seriez content de lui faire du bien. Aussi vous employez tous les moyens possibles. Quand la prière ne suffit pas, vous passez à la menace, et vous iriez peut-être jusqu'à l'argument frappant. C'est que votre conviction vous paraît si juste, si louable ! Et alors, votre dévouement s'exalte, il perd toute mesure. Pour peu, vous vous feriez criminel tant vous mettez d'ardeur à modifier la mentalité de gens que vous plaignez sans le savoir, puisque vous vous croiriez à plaindre si vous étiez comme eux.

— En effet, j'aimerais bien pouvoir corriger les défauts de certaines personnes.

— C'est-à-dire que vous aimeriez bien corriger les défauts qui vous gênent. Vous avez donc une grande sollicitude pour les gens qui vous font du mal. Je ne puis que vous en louer. Mais que penser de votre attitude envers les défauts qui ne vous gênent pas ? Ceux-ci voudraient-ils mieux que ceux-là ?

— Pour moi, oui.

— Pour vous, c'est entendu, mais il n'y a pas que vous sur la terre.

— On ne peut pas s'occuper de tout le monde.

— D'accord, on ne peut pas ne pas être égoïste et heureusement que vous l'êtes, sans quoi vous ne penseriez jamais qu'à vous ! Votre égoïsme vous oblige à vous occuper d'autrui pour en corriger les défauts qui vous gênent, et, ce faisant, vous faites de la philanthropie, vous êtes un bienfaiteur, un père... Vous ne faites du Bien qu'à ceux qui vous font du mal. Pour les autres, peu vous chaut qu'ils soient malades, ce sont de trop braves gens pour lesquels vous n'avez pas de compassion. Vous ne tenez pas à les guérir, au contraire, vous agravez leur maladie par une complaisance coupable. Vous vous faites leur complice, mais d'une complicité qui équivaut à une trahison.

— Mon cher Monsieur, je ne vous reconnais plus ! Qu'avez-vous fait de votre bonté d'antan sur laquelle reposait toute votre philosophie ? Vous m'approuvez quand je maltraite de pauvres malades qui me gènent, et de plus, vous voudriez que je maltraite ceux qui ne me gènent pas ? C'est affreux ! Un homme qui mettrait en pratique de pareilles théories serait bientôt méprisé, honni, châtié, lapidé peut-être, et si tout le monde suivait son exemple ce serait la révolution, la guerre civile perpétuelle, la fin de toute civilisation. Est-ce vrai ?

— C'est parfaitement vrai, mais y aurait-il lieu de regretter tous ces malheurs s'ils avaient pour résultat de corriger les défauts des hommes ?

— Vous devez savoir que les défauts des hommes ne se corrigent pas. Lisez Molière :

> « Et c'est une folie à nulle autre seconde
> De vouloir se mêler de corriger le monde. »

— Molière n'a pas voulu dire que les hommes n'étaient pas corrigibles. Comme c'était un égoïste, il a voulu dire qu'il y avait tout à perdre et rien à gagner à vouloir corriger les hommes. Ainsi, Molière vous prendrait pour un idiot, et moi pour un triple imbécile !

— Molière était un grand homme.

— Oui, grand, très grand. Il connaissait l'histoire, il connaissait son temps. Il savait parfaitement que les penseurs, les philosophes, les tribuns, les apôtres n'ont jamais fait fortune.

— Sans doute parce qu'ils ne la recherchent pas.

— Hélas ! il y a autre chose aussi qu'ils ne recherchent pas, et qu'ils ont tout de même : c'est le mépris, l'humiliation, la torture, le gibet !

—- Alors, cela me donne à penser que Molière donnait
de bons conseils ; c'était un homme prudent, tandis que
vous, vous m'en donnez de très mauvais. En me conseil-
lant de corriger tous les défauts des hommes vous m'ex-
posez à être critiqué, méprisé, crucifié peut-être.

— Et après tout, qu'importerait cela si vous faisiez
bonne œuvre ?

— Ah ! non. Je veux bien faire de bonnes œuvres,
mais seraient-elles vraiment bonnes si elles étaient mauvaises pour moi ?

— C'est-à-dire que vous trouveriez mauvais d'être crucifié ?

— Dame !

— A ce point de vue, soyez sans crainte, vous n'aurez
jamais cet honneur.

— Je l'espère bien.

— D'ailleurs en auriez-vous le mérite ?

— Je n'y tiens pas.

— Je m'en doutais. Pourtant sachez que l'honneur d'être
crucifié est réservé aux Dieux ; or, vous n'êtes pas un Dieu.
Le martyre est l'affaire des Saints. Etes-vous un Saint ?
Les apôtres sont à peine molestés, châtiés ; les philan-
thropes (philanthropie morale) ont pour eux l'indifférence ou le mépris ; et quant aux philosophes... on se
contente d'en rire, quand on ne les prend pas pour des
toqués ou des fous.

« Ce court exposé doit vous tranquilliser car n'étant rien
de tout cela, vous ne pouvez prétendre à aucun de ces
attributs.

— J'en suis fort à l'aise.

— Tant pis pour vous, mais êtes-vous sincère ? Voyons, ne préféreriez-vous pas être un grand apôtre qu'un
modeste philosophe ? Un Saint qu'un apôtre ? Un Dieu
qu'un Saint ?

— Evidemment, un Dieu vaut mieux qu'un Saint, d'autant plus qu'entre le martyre et le crucifiement la différence est peu... sensible.

— Je devine ; ça vous irait d'être un Saint non martyr
ou un Dieu non crucifié.

— C'est bien cela, mais ce que vous m'offrez est tout
différent. Si je suivais vos conseils, les hommes me mar-

tyriseraient sans me sanctifier, ou me crucifieraient sans
me diviniser.

— Que cela ne vous étonne pas. Les hommes peuvent
martyriser ou crucifier, mais ne peuvent pas sanctifier
ni diviniser. On est saint ou on ne l'est pas, et quand on
l'est, c'est par soi-même et non par autrui. Et puis, les
conseils que je vous donne sont sans importance car
je sais que vous ne les suivrez pas.

— Pourquoi me les donner alors ?

— Parce que je crois nécessaire de vous les donner,
bien qu'il ne soit pas absolument nécessaire que vous
les suiviez.

— Un nécessaire qui n'est pas nécessaire, quoi !

— A peu près. C'est-à-dire qu'il reste nécessaire
que vous sachiez ceci : Quand vous voulez corriger chez
autrui les défauts qui vous gênent, vous croyez agir utilement pour vous seul et vous vous trompez. Lorsque
vous vous désintéressez des défauts d'autrui qui ne vous
gênent pas, vous croyez faire preuve de bonté, de pacifisme et vous vous trompez encore. Dans le premier
cas, si vous réussissez, vous faites bien en vous trompant
bien. Dans le second cas, vous vous trompez bien aussi
mais vous ne faites pas tout le bien que vous pourriez
faire. Cependant j'estime que vous avez une excuse va-
lable pour l'acte, non pour l'intention.

— Quelle excuse ?

— Oh ! facile à comprendre. Les défauts d'autrui dont
vous ne souffrez pas ne valent pas mieux que les autres.
Vous devriez donc les traiter de la même façon. Toutefois, si vous faites bien de vouloir corriger ceux-ci, vous
pouvez vous abstenir de corriger ceux-là par la raison
bien simple que d'autres — ceux qui en souffrent — se
chargeront de les corriger. Il n'est pas un homme affligé
d'un défaut qui ne soit critiqué, méprisé même par ceux
qui en ont de plus grands que le sien. Ordinairement on
juge les autres sur soi-même et on critique chez autrui
les défauts qu'on n'a pas, ou qu'on ne croit pas avoir.
L'homme s'inquiète toujours de son prochain ; il veut
le conseiller, le corriger, le rendre meilleur ; il ne s'inquiète jamais de lui-même, car il ne tient pas à se corriger ou ne croit pas en avoir besoin. Il se croit toujours

assez bon et même trop bon. Les personnes les plus gravement affligées de défauts ne sont pas celles qui mettent le moins d'ardeur à critiquer les autres. Il s'ensuit
que, plus une civilisation est arriérée, plus elle est portée
aux querelles, aux procès, à la guerre. L'égoïsme passe
pour être le défaut capital des hommes et le point de
départ de toutes les disputes entre individus, entre clans,
entre villes et entre nations. Certes, l'égoïsme joue un
grand rôle et on pourrait dire que trop souvent, lui
seul inspire la conduite de la plupart des hommes. C'est
un des plus grands défauts humains et peut-être le plus
inévitable. Seul un Saint pourrait s'en préserver, car l'égoïsme découle naturellement des difficultés de l'existence
et un Saint ne connaît pas ces difficultés. Seulement, le
véritable égoïsme se localise dans le domaine matériel
ou vital ; on tient à sa vie, à son bien-être, on tient
surtout à l'argent qui a tant de pouvoirs, d'où, l'âpreté
de la lutte. Les intérêts matériels sont donc la source
principale où prennent naissance les dissentiments entre
individus ou entre collectivités. Est-ce à dire que sans
eux la fraternité humaine ne serait plus un vain mot ?
Hélas ! non ! Si, en général, les hommes sont égoïstes
pour les biens matériels, ils le sont rarement pour les
biens spirituels. On ne donne pas sans motif une pièce
d'or ni un modeste sou, mais on est toujours disposé à
donner de bons conseils, même si cela doit faire perdre
à soi, plusieurs sous ou plusieurs pièces d'or. Par exemple, quand on engage un procès, c'est toujours soi-disant
par intérêt, mais bientôt l'intérêt s'efface devant le principe, et il est bien rare qu'on arrête son procès parce
qu'il y a intérêt à l'arrêter. Au contraire, on préfère gagner le procès et se ruiner, que le perdre en ne se ruinant
pas. Nous voulons moins de mal à celui qui nous soustrait une pièce d'or en nous volant, qu'à celui qui nous
soustrait un peu d'honneur en nous insultant. Les conflits
des hommes ne sont jamais bien terribles, tant qu'ils
sont cantonnés dans l'intérêt purement matériel. Mais dès
qu'il s'agit d'un principe, d'une idée, l'homme devient
intraitable et rien ne peut le faire fléchir. Il peut hésiter à se faire tuer pour défendre son bien, mais il
n'hésite pas à se faire tuer pour défendre une idée. Voyez

les grands conflits de l'histoire ; voyez surtout la guerre
actuelle.

— Ah ! oui ; parlons un peu de la guerre. Se battre
pour une idée et se faire tuer c'est bien ce qu'on peut
appeler une mauvaise idée. J'aimerais mieux des gens
égoïstes qui ne se battraient pas. D'ailleurs peut-on être
vraiment certain que son idée est la bonne ?

— Non, ou plutôt oui, mais une certitude n'est pas
une vérité et celui qui voudrait n'avoir que des idées
justes, vraies, devrait commencer par n'en avoir pas.

— Vous n'auriez donc qu'une foi médiocre en la valeur
de vos propres idées.

— J'ai une foi complète parce que mes idées sont assez larges pour s'adapter à toutes les vérités.

— ...et à toutes les erreurs !

— Non, il n'y a que les idées étroites qui s'adaptent
aux erreurs. Les idées qui font battre les hommes sont
généralement fausses, et les moins fausses, c'est-à-dire
les plus justes, sont presque toujours battues.

— Alors vous ne croyez pas à la justice immanente ?

— Immanente, non ; éternelle, oui.

— Ne trouvez-vous pas abominable que les idées les
plus fausses battent celles qui le sont moins ?

— Je ne trouve rien d'abominable dans ce qui arrive.
Finalement chacun y trouve son compte : bon ou mauvais compte.

— Enfin vous ne me paraissez guère partisan de vous
battre pour une idée.

— C'est souvent inutile et toujours dangereux. Les
hommes se battent et se tuent ; les idées justes ne se tuent
pas, elles survivent aux hommes tandis que les idées
fausses, retournent tôt ou tard au néant dont elles sont
issues.

— Vous ne tenez pas à vous battre, reste à savoir si
vous aimeriez mieux vous laisser battre.

— Ce n'est pas en me battant qu'on battrait mes idées,
au contraire. De tous temps, les grandes idées, —
les miennes sont petites, — ont valu des misères et des
tracasseries à ceux qui les ont émises ou soutenues. Les
hommes ont été vaincus ; leurs idées ont été grandies.
Voyez Jésus-Christ, il aurait pu vaincre ses adversaires,

les réduire à l'impuissance et punir les méchants. Mais
alors, que resterait-il de son admirable philosophie, si
la bonté, la charité, l'amour du prochain n'avaient pas
résisté à toutes les épreuves ? A cause de ses idées, il a
été battu, flagellé, crucifié, mais lui n'a battu personne
et ses idées ont survécu. Sa doctrine a trouvé sa force
dans la résignation, la miséricorde, le *sacrifice*. Il s'offre
en holocauste pour donner l'exemple aux hommes et le
geste de bénir la main qui le frappe est bien le plus beau
geste qu'un homme ait jamais fait, en même temps que
la plus belle leçon qu'on puisse donner aux méchants.

Enfin, écoutez ces quelques mots d'un autre grand
apôtre : « Les bons doivent tomber sous les coups des
méchants comme la santal parfume la hache qui le frappe.»

— Oui, les méchants doivent battre les bons ; les bons
ne battent pas les méchants, car s'ils les battaient, ils
cesseraient d'être bons. Pouvez-vous imaginer un agneau
mangeant un loup tout en restant agneau ?

— Celui-là au moins, ne serait pas trop bon ni trop
bête.

— Nous vivons, je vous l'ai dit, dans un monde qui n'a
pas encore passé *la phase du mal*. Nous sommes encore trop méchants, trop arriérés, et vous savez que le
mal est le seul moyen efficace pour corriger les méchants.

— J'en doute. Certains méchants se corrigeraient mieux
avec de bonnes paroles, de la patience, de la douceur,
qu'avec des moyens coercitifs qui n'aboutissent, le plus
souvent, qu'à aigrir les caractères.

— Vous en arrivez ainsi à vouloir être bon envers
ceux qui ne le sont pas. Dès lors, vous êtes trop bon
et je vous en félicite, mais votre bonté ne pourra être
efficace qu'envers ceux qui ne sont pas de véritables méchants, c'est-à-dire envers ceux qui ont de fortes tendan-
ces à quitter le mal pour entrer dans le Bien. Quant aux
autres, rien à faire. Voyez dans n'importe quelle armée
du monde. Vous y trouverez certainement un grand nombre d'hommes dont on obtiendrait tout en employant la
raison et les moyens de Bien. Vous en trouverez un autre grand nombre, dont on obtiendrait rien sans employer
la force et les peines disciplinaires. Supprimez la salle

de police, la prison, biribi, etc., et vous m'en direz des nouvelles.

— Tous ces moyens de force n'ont jamais corrigé personne. On obtient un résultat en inspirant la crainte, mais non en détruisant la méchanceté.

— Vous devez savoir que la crainte est le commencement de la sagesse. Un méchant ne se transforme pas subitement en sage. Il faut d'abord détruire la méchanceté, et c'est là le rôle de la crainte.

— Il y a plusieurs sortes de craintes, et pour ma part, celle que j'abhorre le plus c'est la crainte de l'injustice.

— C'est parce que vous avez la conscience tranquille, vous êtes un brave homme, et alors, vous n'avez rien à craindre de la justice, mais vous avez tout à craindre de l'injustice. Les méchants ne peuvent avoir qu'une opinion tout à fait contraire à la vôtre.

— Et puis, l'homme qui inspire la crainte aux braves gens a beaucoup de chance d'être un méchant, un injuste.

— Tant pis pour lui.

— Dites plutôt tant pis pour ceux qui subiront l'injustice.

— Cela dépend.

— Alors vous préféreriez être le puni à tort que d'être le punisseur ?

— Sans doute.

— Etre puni à tort est pourtant une chose abominable !

— Etre puni à raison est encore plus abominable !

— Allons, vous n'y êtes plus ! Etre puni à raison c'est de la parfaite justice ; être puni à tort c'est de la parfaite injustice. Aimez-vous les injustices ?

— Non, mais dans ce cas je préfère l'injustice et vous allez être de mon avis. Ne préféreriez-vous pas être puni pour une mauvaise action que vous n'auriez pas commise, que d'être puni pour une mauvaise action que vous auriez commise ?

— Je préférerais n'être pas puni du tout, mais en tous cas, je ne voudrais pas être puni à tort.

— C'est-à-dire que si vous étiez puni à tort vous regretteriez de n'être pas coupable ?

— Non, pas davantage qu'un coupable ne regretterait

de n'être pas puni, mais je regretterais et je maudirais
l'injustice de ceux qui m'auraient puni.

— Ah ! vous maudiriez les malheureux qui vous auraient
puni à tort !

— Malheureux, non, car dans cette affaire le seul malheureux serait moi.

— Ne croyez pas cela. Dans cette affaire l'honneur
serait tout pour vous. Or, l'honneur n'est pas toujours
un malheur.

— Quand mon innocence aurait été reconnue, peut-
être après ma mort, peut-être jamais !

— Vous voudriez que votre innocence soit reconnue
par les hommes ? C'est la chose la plus inutile que vous
puissiez désirer. L'innocence on la porte en soi ; elle
est pour soi et pour personne autre. Elle compte dans
les matériaux subtils qui emplissent notre *sac*, et qui
seuls, font de nous ce que nous sommes. Le puni inno-
cent nous paraît à nous, terriens, comme une victime
de la culture par la force, c'est-à-dire par le mal. En
réalité il ne peut y avoir d'autres victimes que la victime de sa propre victime. En d'autres termes, il ne peut
y avoir d'autre mal que le mal qui retourne fatalement
à celui qui l'a fait naître. La terre est un champ de culture spirituelle dans lequel les individus les plus avancés se cultivent par le Bien, tandis que les autres se
cultivent par le mal. Une force irrésistible pousse les
hommes à vouloir corriger les autres hommes. Cette force
se fait sentir d'abord par le besoin de critiquer autrui
et si la critique est aisée il faut croire qu'elle est utile,
même quand on peut lui appliquer la fameuse histoire
de la paille et de la poutre. C'est pourquoi il convient
d'être indulgent envers ceux qui nous critiquent, qui nous
tracassent, qui nous battent ; c'est en nous voulant *in-
consciemment* du Bien qu'ils arrivent à nous faire du
mal, ou c'est en nous voulant *consciemment* du mal qu'ils
arrivent à nous faire du Bien. Naturellement, ce système
renferme toutes les complications que nous connaissons,
soit dans l'existence, soit dans les rapports sociaux, par
la raison que, chacun de nous y est tour à tour bourreau
ou victime, et que la plupart des hommes, ignorant tou-

jours leur rôle de bourreau, mais conscients toujours de leur rôle de victime, crient à l'injustice dans l'œuvre qui prépare la véritable justice. Dès lors, il n'est pas besoin de se demander pourquoi notre planète n'est pas un séjour de délices, ni pourquoi, hélas ! on y trouve un peu d'enfer et tant de purgatoire...

— Il y a bien aussi un peu de paradis.

— Oui, mais c'est alors du paradis qu'on perd sans être toutefois du paradis perdu !

Vᵉ DIALOGUE

Les lois morales et les trois morales. L'égoïsme utile. — Raison, croyance et foi.

M. Maté. — En vous quittant, après notre dernier entretien, j'étais presque converti aux théories de votre doctrine, mais depuis j'ai réfléchi. Aujourd'hui, j'ai le regret de vous dire que je redeviens ce que j'étais avant : un adversaire de tout spiritualisme. Vous avez, j'en conviens, une façon séduisante de présenter les choses ; avec vous tout va pour le mieux, même quand vous n'êtes pas dans le meilleur des mondes possibles. Seulement, je crains fort que vous ne preniez trop souvent vos désirs pour des réalités, surtout lorsque vous faites converger vers un même but des idées diamétralement opposées. Ainsi, en associant le mal au Bien, c'est-à-dire en faisant contribuer le mal à l'œuvre du véritable progrès qui, d'après vous, est l'œuvre du Bien, vous créez un embrouillamini dans lequel le plus fin moraliste ne s'y reconnaîtrait pas. Vous devez savoir pourtant qu'une société ne peut aspirer au progrès qu'en développant ses lois morales.

M. Méta. — Oui, je sais cela. Sans progrès moral tous les autres progrès sont vains puisque tôt ou tard ils s'effondrent comme un château de cartes. Certains d'entre eux sont même dangereux et peuvent donner lieu à de véritables catastrophes : la guerre est une de ces catastrophes.

— Donc, pour faire avancer le véritable progrès, il ne suffit pas qu'une société, un peuple, ait de grands savants, de grands inventeurs, de grands moralistes, il faut que les individus composant cette société, ce peuple, soient pénétrés de principes moraux qu'ils érigent en lois et qu'ils observent ces lois par une discipline sévère et librement consentie. Il faut en un mot que la morale repose sur des règles acceptées par tous et acceptées comme bonnes, même par ceux qui croient pouvoir se dispenser de les mettre en pratique. Or, avec votre système, rien de pareil n'est possible. Vous prenez de ci, de là, des idées magnifiques sans doute, mais un peu fantaisistes. Vous mêlez le Mal au Bien, le Bien au Mal, et vous arrivez à des formules équivoques, confuses et souvent contradictoires. Bref, vous faites un amalgame, une sorte de salmigondis dont aucun homme, aucune société, aucun peuple, ne voudrait comme base morale.

— Je vois, en effet, que je ne vous ai pas encore bien converti, mais, puisque vous m'attaquez si cavalièrement sur l'application de mes préceptes à la question morale, veuillez d'abord me permettre de préciser un point. Vous avez parlé de *lois morales*. Je ne vous contesterai pas que des lois existent, mais ce que vous avez en vue en prononçant le mot *lois*, correspond-il bien à ce que j'ai en vue moi-même ?

— Je le crois, à moins que vous me racontiez encore quelque histoire pour me prouver le contraire.

— Des histoires ! C'est trop dire, mais puisque ça vous va, laissez-moi vous raconter que les lois dites *morales* sont de deux sortes. Il y a d'abord les vôtres qui sont aussi miennes et je le sais, et puis il y a les miennes qui sont aussi vôtres, mais le savez-vous ?

— Non. Expliquez-moi cela.

— En deux mots ce sera fait ; écoutez bien. Il y a deux sortes de lois morales : les lois morales inventées par les hommes, et les lois morales de la nature qui sont celles de Dieu.

— Alors, les lois des hommes, voilà les miennes ; les lois de Dieu, voici les vôtres. Êtes-vous présomptueux !

— Je viens de vous dire que les vôtres étaient miennes et inversement. Vous n'avez rien à m'envier.

— D'abord, qu'est-ce que la morale ?

— Ouvrez n'importe quel dictionnaire, vous y lirez ceci : « La morale est une science qui enseigne les régles à suivre pour pratiquer le Bien et éviter le mal. »

— C'est parfait. Mais quelle valeur peut avoir cette science puisqu'il est si difficile de savoir où commence le Bien et où finit le mal ?

— Comme toutes les sciences, celle-là ne peut avoir que la valeur des hommes qui la professent. Il serait d'ailleurs inutile qu'elle en ait plus.

— Vous voulez dire que trop de valeur nuit ?

— Une morale qui aurait plus de valeur que les hommes, ne serait pas nuisible, mais inapplicable et par suite, inutile.

— Vous croiriez préférable qu'elle en ait moins ?

— Non, mais il faudrait nous entendre sur la signification du mot *valeur*. Il y a la valeur purement scientifique qui ne peut être comprise par tout le monde; il y a aussi la valeur usuelle en dehors de toute vérité. Cette dernière est basée sur les résultats qu'on peut en attendre et non sur le degré de perfection. Il ne suffit pas qu'une morale soit dans le *vrai*, il faut qu'elle s'harmonise avec le degré d'évolution des individus qui en font usage.

— Ainsi, dans certains cas, l'erreur vaut mieux que la vérité ?

— L'erreur peut être vérité à un moment donné, ou si elle n'est pas vérité, elle peut en tenir lieu et valoir autant qu'elle, si elle en a l'utilité. Les meilleures morales n'ont pas toujours des vérités pour base et ce n'est pas ce qui les rend moins bonnes, ni moins efficaces. Vous savez que la croyance ne discute pas sur les vérités. Or, toute morale relève plus ou moins de la croyance. C'est pourquoi la morale est l'âme de toutes les religions et conséquemment, les religions sont toutes morales.

— Cependant, la morale peut n'être point religieuse.

— Vous voulez dire qu'elle peut n'appartenir à aucune religion. C'est une opinion très admise, mais très fausse. La morale étant une croyance, fait nécessairement partie d'une religion ou tout au moins de sa religion propre. Religieux ou athée, un bon moraliste doit suivre *religieusement* les préceptes de sa morale. De plus, il paraît

difficile de n'être jamais religieux ni de n'avoir point de
religion, puisque le plus fort des athées se fait une véritable religion d'en n'avoir pas.

— Enfin, il y a bien actuellement deux sortes de
morales : la morale sans Dieu et la morale avec Dieu.

— Il y en a même davantage. La morale avec Dieu
est nécessairement religieuse ; la morale sans Dieu est
soi-disant non-religieuse, mais presque toujours *irréligieuse*.
Or, toute irréligiosité est forcément une lacune. Quel qu'il
soit, le moraliste ne crée pas la morale ; il ne fait que
puiser à la grande source des lois morales naturelles qui
sont celles de Dieu. Quand je dis : Dieu, je veux dire
la cause de toutes les causes. La morale tient son origine
d'une cause supérieure au moraliste. Comme toutes les
sciences, la morale procède du moins parfait au plus parfait et s'oriente ainsi vers la perfection qui est vers Dieu.
Un homme qui aurait toutes les perfections et tous les
savoirs, n'aurait-il pas quelque chose d'un Dieu ? L'homme n'invente rien, ou plutôt, ne crée rien, il ne fait que
des découvertes. Il tient un certain milieu entre le moins
parfait et la perfection et son génie, quand il en a, ne
peut lui venir d'une cause moins parfaite que lui ni pareille
à lui, mais d'une cause « plus parfaite que lui ». On
pourrait dire que la morale sans Dieu est celle qui compte
le plus de dieux. Ne reconnaissant pas de source plus
parfaite que lui, l'homme croit puiser sa morale en lui-
même, c'est-à-dire que Dieu n'existant pas *hors de lui*,
il le met en lui, puisque *lui*, se croit la source de tous
les progrès, et la source de tous les progrès n'est-ce
pas la cause de toutes les causes, c'est-à-dire de Dieu ?

— Avouez que vous vous donnez beaucoup de mal pour
prouver la nécessité de mêler Dieu à votre morale. Ce
n'est pas en faisant intervenir un Dieu problématique
qu'on peut rendre une morale meilleure ni plus efficace,
au contraire. La morale sans Dieu a l'avantage d'être
loyale et sincère. En supprimant les préjugés, elle supprime d'un coup tous les moyens artificiels qui pourraient nuire à la liberté de la pensée et à la sincérité
de la conscience.

— Elle supprime également les moyens artificiels utiles.

— Il n'y a pas de moyens artificieux utiles. Il n'y a que la franchise et la sincérité qui peuvent faire des consciences fortes. Tous les autres moyens n'aboutiront jamais qu'à fausser les esprits ou à faire des hypocrites.

— Votre façon de me répondre paraît signifier que mon raisonnement a porté juste. Je pourrais prendre le même ton et vous n'auriez pas à vous féliciter d'avoir commencé le premier. Je préfère continuer à *me donner du mal*, — j'emploie votre expression, — et vous démontrer paisiblement les avantages d'une doctrine. D'ailleurs, étant l'ennemi des idées préconçues, je m'efforce toujours de découvrir des vérités dans les paroles de mes contradicteurs, et des erreurs dans les miennes propres.

— Et vous y arrivez souvent ?

— Pas autant que je le voudrais, car c'est un mérite rare. Vous voyez que votre insinuation tombe mal.

— Alors, il vous sied d'avoir des erreurs en compte ?

— Au contraire, si je tiens à les découvrir, c'est pour m'en débarrasser au plus vite. En faites-vous de même ?

— Impossible. Les erreurs n'ont pas cours chez moi. Je sélectionne les vérités et je n'admets que celles qui sont positives, démontrables, certaines, tangibles, indiscutables. La morale sans Dieu n'a qu'une base : la raison. C'est la droiture ferme et solide en dehors de toute sentimentalité, en dehors de toute faiblesse, car c'est la sentimentalité qui rend l'homme faible et l'expose aux pires erreurs.

— Les vérités les mieux démontrables ne sont pas toujours les plus immuables. Les vérités évoluent avec le progrès, et les grandes vérités d'aujourd'hui seront peut-être les grandes erreurs de demain. S'il y a plusieurs sortes de vérités, il y a notamment deux sortes d'erreurs : celles que nous lègue le passé et celles que nous empruntons à l'avenir. Les premières sont d'anciennes vérités que nous conservons comme vérités malgré les démentis formels du progrès. Ce sont celles dont je veux me débarrasser et que vous voulez garder pour vous. Les secondes sont des vérités de demain que le progrès n'a pas encore vulgarisées ou ratifiées.

— Je ne vous dis pas le contraire, mais je vous répète

que les miennes sont positives, sûres, certaines, les vôtres ne le sont pas. Voyez la différence. ·

— Les miennes le seront quand les vôtres auront cessé
de l'être, et ce ne sera pas long. Votre morale, dites-
vous, ne repose que sur la raison. Par conséquent, elle
vaut ce que vaut la raison, ni plus ni moins, et elle ne
peut s'appliquer qu'à des individus ayant la même dose
de raison.

— A ce compte-là, chaque individu doit avoir une
morale spéciale.

— Parfaitement. D'ailleurs, chaque individu porte en lui
trois sortes de morales : celle qu'il croit bonne pour autrui mais qu'il se dispense de pratiquer et que j'appellerai : *morale intégrale* ; celle qu'il pratique devant le
monde : c'est la *morale extérieure*, et celle qu'il pratique
à l'insu de tout le monde, devant sa conscience seule :
c'est la *morale intérieure*. Pour la première, il est excessivement sévère ; pour la seconde, il est très accommodant,
et quant à la troisième...

— ...Vous préférez n'en rien dire.

— Au contraire, j'ai à vous en parler beaucoup, car
étant la meilleure de toutes, c'est d'elle seule que dépend
la véritable valeur morale d'un homme. Seulement, il
faut d'abord que je vous parle de la morale intégrale.

— Pourquoi l'appelez-vous : intégrale ? Est-ce bien le
mot qui convient ?

— Je n'ose vous l'affirmer. Néanmoins, c'est celui qui
correspond le mieux à ma pensée. Je l'appelle « *intégrale* »
parce qu'elle englobe chez un individu tous les désirs de
justice, tous les élans du cœur, toutes les aspirations gé-
néreuses, en un mot, tout ce qu'il possède de bon ou
qu'il croit sincèrement bon. C'est la somme totale de
toutes ses intentions louables — vraies ou fausses — vers
la justice, vers le progrès. Toutefois, cette morale n'est
intégrale qu'au point de vue théorique. Un homme peut
avoir la foi la plus entière en la justesse et en l'efficacité de ses théories, surtout lorsqu'il s'agit de les appliquer à autrui, cela ne l'empêche pas de faire un rabais
considérable lorsqu'il s'agit de sa pratique personnelle.

— On a une morale ou on n'en n'a pas. Ce qui est bon
pour autrui doit être bon pour soi, sinon il ne vaut

rien pour personne. L'homme qui fait des entorses à ses théories morales est un fourbe, un hypocrite.

— Pour ne point faire des entorses, il faudrait qu'un homme ait de petites théories et de grandes vertus. Généralement, c'est le contraire qui a lieu et alors... il faut bien faire du rabais. Voyez les grands moralistes, est-ce qu'ils suivent toujours leurs préceptes ? Et à ceux qui leur en font justement le reproche, ils répondent invariablement : « Faites ce que je vous dis ; ne regardez pas ce que je fais. »

— Ah ! oui, en voilà de bons farceurs ! Ils vous poussent à faire ce qu'ils ne veulent pas faire eux-mêmes.

— C'est que souvent ils ne le peuvent pas et ils en sont bien malheureux.

— Quand on ne peut pas suivre les règles de sa propre morale, on ne s'intitule pas moraliste et on ne moralise personne. Il serait puéril de vouloir que les adeptes fassent mieux que le maître. D'ailleurs, avec des doctrines sans base on arrive fatalement à des incohérences semblables ; on s'illusionne, on se monte la tête et finalement on croit aux choses les plus exorbitantes. Or, croire en dehors de la raison, c'est s'exposer aux pires erreurs.

— Raisonner comme vous en dehors de toutes croyances, c'est s'exposer à ne plus croire seulement son propre raisonnement. Seriez-vous complètement dépourvu d'illusions, de croyances, d'aspirations et de... morale intégrale ?

— Ma morale est aussi intégrale qu'une autre, que ce soit en théorie, en pratique pour autrui ou pour soi-même.

— C'est-à-dire que vous la pratiquez intégralement. Vous n'êtes pas plus sévère pour autrui que pour vous. C'est très bien. En dehors de ce que vous faites, il n'y a pas de marge pour faire mieux. Vos désirs, vos aspirations ne vont pas au delà de... non, je voulais dire que vous n'avez ni désirs, ni aspirations, ni croyances...

— Je n'ai pas de croyances quand je n'ai pas de preuves ; mais je désire des preuves, je désire la vérité et mes aspirations vont résolument vers le progrès.

— Comment ! Vous prétendez pratiquer intégralement

votre morale et vous prétendez encore avoir des désirs, des aspirations ? Cela est impossible. Un désir réalisé cesse d'être un désir ; il en est de même pour les aspirations. Donc, si vous avez des désirs ou des aspirations, c'est que vous n'êtes plus d'accord avec vous-même.

— Ne confondez pas, je vous prie. Les désirs et les aspirations ne sont pas des théories.

— Non, mais les théories sont d'anciens désirs, d'anciennes aspirations réalisables et enfin réalisées.

— Peu m'importe. Je peux avoir des aspirations — qui n'en a pas ? — mais elles n'entrent pas en ligne de compte dans ma pratique morale.

— Eh ! bien, voilà le complément de votre morale intégrale.

— Le rabais, quoi ! autant vaut dire le mot.

— Oui, c'est bien là qu'on le trouve. Cependant, il faut faire une distinction entre les désirs et les aspirations qu'on a pour son propre compte et ceux ou celles qu'on a pour autrui, c'est-à-dire entre ce qu'on voudrait réaliser soi-même et ce qu'on voudrait voir réaliser par autrui.

— Quelle idée ! Les aspirations sincères ne sont pas de deux sortes. On dirait que vous prenez plaisir à critiquer la valeur morale des hommes. Vous leur prêtez des désirs égoïstes, des intentions équivoques, qu'ils sont loin d'avoir, en général.

— Croyez-vous que la morale intégrale d'un individu soit exclusivement dictée par des sentiments altruistes ?

— Elle devrait l'être. Le but de la morale c'est le bien de tous, c'est-à-dire *le Bien pour tous*.

— Je vous approuve, mais dans le Bien de tous, il y a le Bien de soi. Naturellement, soi est compris dans *tous*, mais il ne compte pas dans *autrui*. Or, vouloir le Bien de tous, n'est pas toujours le fait de sentiments altruistes, ni tout au moins d'un désintéressement complet.

— Ceux qui veulent le Bien de tous ne sont pourtant pas des égoïstes.

— Cela dépend. La morale de tous, c'est le Bien de tous. Comme il y a toujours avantage à fréquenter des gens de bonne morale, on pourra être égoïste en désirant moraliser le monde qu'on fréquente à l'exclusion du monde qu'on ne fréquente pas.

— En moralisant les deux vous seriez altruiste.

— On est toujours altruiste en moralisant quelqu'un, même si on agît par pur égoïsme. Distribuer la bonne morale, c'est toujours faire du Bien.

— Profiter de la morale des autres, ce n'est pourtant pas très bien.

— C'est une loi naturelle. Ce qui donne du prix à la bonne morale, c'est de pouvoir en faire profiter autrui sans qu'il en coûte à soi-même. La bonne morale est un privilège. Ceux qui la possèdent, se recherchent entre eux et sont recherchés par ceux qui désireraient la posséder.

— Ces derniers sont peut-être ceux qui ne pratiquent pas intégralement leur morale intégrale.

— Très souvent. Parmi eux, nous avons un exemple typique dans celui qui répond : « Faites ce que je vous dis, ne regardez pas ce que je fais. »

— Celui-là est un égoïste.

— Oui, mais un bon égoïste. Sachez que sans égoïsme, la morale intégrale et la morale extérieure ne progresseraient guère. Dans la plupart des cas, l'une et l'autre se réduiraient à peu de chose. C'est surtout la nécessité qui rend l'homme égoïste. La morale est une nécessité. Sans elle une société ne pourrait vivre ni prospérer. Et, remarquez qu'il importe peu que la morale soit parfaite ou seulement de valeur relative, — chaque individu, chaque société, ne pouvant avoir que celle qui correspond à son degré d'évolution, — il s'agit simplement qu'elle existe, et elle existe presque toujours même et jusque chez certains animaux. Naturellement, je ne parle pas de la morale individuelle, trop variable d'un sujet à un autre, mais je parle de la morale collective qui synthétise toutes les morales individuelles d'une société, de cette morale enfin qui résume des préceptes unanimement admis et sur lesquels les adeptes ne discutent plus, non seulement parce que ces adeptes ont des convictions d'origine affective ou venant de la conscience — cela correspond à la morale intérieure — mais surtout par des convictions basées sur l'utilité et même sur la nécessité d'une pratique morale — la leur — pour guider les hom-

mes dans leur conduite envers autrui et envers eux-
mêmes.

— Je ne vois là rien d'égoïste.

— La morale collective n'est pas égoïste, même quand
elle n'est formée que de morales individuelles très égoïstes. Ces dernières se fondent ensemble, se neutralisent
par le fait que chacune d'elles est un petit effort demandé au progrès. Elles forment un *tout* plus ou moins
homogène, et partant plus ou moins efficace, un tout
dont chaque individu pourra jouir en toutes circonstances,
notamment dans les affaires et dans les rapports sociaux.

— Vous êtes un heureux homme ! Vous voyez le Bien
partout, même dans le mal et par des théories bizarres
vous transmutez l'égoïsme en véritable altruisme. Toutefois, il faudrait m'expliquer en quoi peut consister
l'égoïsme dans la morale individuelle.

— Oh ! c'est bien simple. Cet égoïsme, nous l'avons déjà
vu dans la morale intégrale quand certain moraliste répond : Faites ce que je vous dis...

— C'est, je crois, ce que vous appelez *le rabais*.

— C'est bien cela. Seulement, dans la morale intégrale,
ce rabais est tout en théories, tandis que dans la morale
individuelle extérieure il est tout en pratique et représente alors la somme de toutes les actions que la conscience ne commande pas impérieusement de faire, mais
qu'on fait tout de même, soit pour montrer qu'on a le
bon ton de la morale collective, soit pour acquérir du
prestige ou éviter la critique, soit enfin pour toutes autres
raisons d'intérêts personnels, proches parentes de l'égoïsme.

— Que ce soit par égoïsme ou par autre chose, ce
rabais-là n'en est pas un. Vous ne pouvez pas employer
la formule : « ...ne regardez pas ce que je fais ! »

— Non, mais ne confondez pas et laissez-moi vous
répéter que tantôt il s'agissait de théories, maintenant
il s'agit de la pratique. Or, toutes les actions qui comp-
tent dans la morale extérieure sans compter dans la morale intérieure, peuvent bien, je crois, être qualifiées de
rabais. Et alors le moraliste est obligé de dire :

« Regardez ce que je fais devant vous, ne vous inquiétez pas de ce que je ne fais pas devant moi seul. »

— Ce qui peut signifier : Ne vous inquiétez pas de mon rabais, ou plutôt : de mes capitulations !

— Hélas ! oui, l'homme capitule souvent dès qu'il est sans témoin. Telle règle de conduite qu'il s'imposera ostensiblement devant le monde, n'aura parfois d'autre soutien que la crainte de ce même monde, — crainte surtout de manquer les avantages qu'il en attend.

— Ceux qui en sont là n'ont pas une moralité très stable Une morale basée sur l'égoïsme sera toujours une piètre morale.

— Nous en sommes tous là, cher ami, et il n'est pas raisonnable de s'en prendre aux mobiles d'une action si cette action est bonne. Regardons l'effet et ne critiquons pas la cause. Et puis, remarquez bien que nous parlons en ce moment de la morale extérieure, et que, de plus, il s'agit en l'espèce, des seules règles de conduite que la conscience n'impose pas mais que l'intérêt réclame.

— Ainsi définies, vos règles de conduite se résument à peu de chose.

— Chez certains individus, oui ; chez d'autres, non. En tous cas, elles forment un appoint sérieux qui s'ajoute à la morale de la conscience et qui contribue puissamment à tenir debout l'édifice moral des peuples. Aussi, contrairement à ce que vous venez de dire, je dis à mon tour : sans égoïsme, la morale extérieure serait bien piètre !

— Alors, rien ne sera plus facile que d'obtenir une forte morale : encouragez l'égoïsme !

— Vous faites ici de la surenchère, mais je préfère l'accepter comme plaisanterie pour ne pas avoir à supposer que vous n'avez rien compris à ce que j'ai dit. L'égoïsme qui fait faire un effort vers le Bien est un égoïsme salutaire qui s'achemine lentement mais sûrement vers l'altruisme. C'est l'avant-garde ou l'arrière-garde, — comme vous voudrez, — de tout progrès moral. Il commande, il obéit, il sanctionne, et si l'on a pu dire que la morale était toute en contrainte, c'est de lui, faut-il croire, qu'on a voulu parler. Cet égoïsme, enfin, n'a rien de commun avec *l'autre,* celui de bas-étages et de bas-instincts. C'est un superégoïsme qui met un certain égoïsme à montrer qu'il n'en n'a pas, car il a conscience d'être une *lacune*, une imperfection, même, quand il a conscience de son utilité.

— Comme imperfection, il n'y a pas lieu de l'encourager.

— L'imperfection est le propre des choses terrestres. Nous procédons, je vous le répète, du moins parfait au plus parfait, mais le véritable parfait ne nous est pas connu. Une imperfection suppose déjà un certain progrès vis-à-vis d'une imperfection moindre. La morale intérieure, qui est celle de la sincérité, de la conscience, de l'altruisme, est plus parfaite que celles dont nous venons de parler. Mais peut-on demander qu'un monde enfant comme le nôtre n'ait déjà plus d'imperfections morales ? Pour éduquer le monde, notre plus grand moraliste avait bien compris la nécessité de procéder par échelons, progressivement. Chez des adeptes évolués, il s'adresse aux sentiments, à la conscience, au cœur. Chez d'autres qui le sont moins, il s'adresse au bon sens, à la raison et même à l'instinct. Écoutez quand il dit : « Ne faites pas aux autres ce que vous ne voudriez pas qu'on vous fît. » C'est un précepte négatif qui commande l'abstention. Une action peut faire du Bien, peut faire du mal ; une inaction ne peut rien faire du tout : au mieux, c'est un défaut de mal ; au pire, c'est un défaut de Bien.

— Il n'y a aucun mérite à ne pas faire ce qu'on ne doit pas faire, mais il y aurait grand tort à ne pas faire ce qu'on doit faire.

— Vous parlez très bien, mais vos formules peuvent souffrir des variantes selon la cause qui détermine le mobile. Par exemple, *ne pas faire aux autres*, serait une formule sans importance pour ceux qui seraient affranchis pour toujours de compter parmi ces *autres*. Comme personne au monde n'a ce privilège, il s'ensuit que *ne pas faire aux autres* est synonime de *ne pas faire à soi*. Nous parlons, je le répète, du précepte négatif. Si nous passons au positif, il nous faudra dire : Faites aux autres comme vous voudriez qu'il vous soit fait. Ici, c'est l'action qui entre en jeu et si la cause déterminante reste la même, l'effet pourra être meilleur. Tandis que dans la formule négative, l'adepte s'abstient de faire mal par la crainte du mal, dans la formule positive il s'efforce de faire Bien par l'avantage qu'il attend du Bien. Dans

un cas comme dans l'autre, la cause fondamentale qui
détermine la règle de conduite réside dans *l'idée de soi.*

— Penser d'abord à soi n'est pas précisément de l'égoïsme, si c'est la condition première qui fait penser aux autres. Rappelez-vous ce proverbe : « Charité bien ordonnée,
commence par soi-même. » Sans vouloir nier que parfois
un certain égoïsme peut avoir son utilité pour renforcer
la morale, je conteste l'importance que vous lui attri-
buez. Vos arguments sont basés sur des exceptions qui
existent sans doute, mais qui ne seront jamais que des
exceptions.

— Je suis très flatté de vous entendre dire que mes
arguments sont basés sur quelque chose. J'en augure
que nous serions bientôt d'accord si nous nous éclairions
à la lumière de la même lanterne. Malheureusement,
vous vous contentez de regarder *l'effet d'une cause,* tandis
que je recherche *la cause d'un effet,* et il paraît fatal
que je trouve cette cause à l'endroit où vous ne l'auriez
jamais cherchée.

— En effet, je n'ai jamais cherché la morale dans
l'égoïsme, ni le Bien dans le mal, ni la lumière dans
les ténèbres, ni... la pierre philosophale dans le mouvement perpétuel. Je ne tiens pas à m'encombrer de théories extravagantes et inutiles. J'en suis pour le rationnel
et je ne sors pas de là.

— Pourtant, vous venez de convenir que parfois un
certain égoïsme pouvait renforcer la morale.

— C'était un moment de faiblesse ; je me ressaisis et
j'affirme et je répète qu'il n'y a que la raison, la sincérité, la droiture ferme des consciences libres qui soient
vraiment de la bonne morale.

— Une fois de plus vous affirmez n'avoir qu'une sorte
de morale : celle de la droiture, de la sincérité, de la
raison, de la conscience, du cœur, de je ne sais quoi
encore ..., celle qui n'a pas d'égoïsme, pas de rabais,
pas de capitulations. Celle-là, croyez-moi, nous l'avons
tous à des degrés divers : c'est la morale intérieure. Je
n'essayerai pas aujourd'hui de vous en expliquer le fonc-
tionnement, ni de vous en démontrer les causes. Nous
entrons ici dans un domaine de phénomènes abstraits
qui relèvent du psychisme et dans lesquels le mécanisme

de la conscience se joue avec des facteurs qui sont : la tradition, la foi, l'intuition. Je vous dirai seulement que la conscience est la seule chose qui affirme nettement la supériorité de l'homme sur les bêtes, bien que certaines bêtes n'en soient pas tout à fait dépourvues...

— C'est la raison qui affirme notre supériorité.

— La raison vient après la conscience dans la préséance des facultés humaines. Il est si facile de raisonner même hors de toute raison. Cependant, la raison affirme aussi notre supériorité, mais seulement quand elle procède de la conscience.

— Et si la conscience procédait de la raison ?

— Cela ne se peut pas. La raison est d'ordre rationnel ; la conscience est d'ordre sentimental. On peut raisonner d'après ses sentiments, mais on ne sent pas d'après sa raison. La conscience est le temple des qualités et des vertus acquises, lorsque ces qualités et ces vertus sont assez fortes pour résister aux tentations, aux épreuves. La morale intérieure étant l'affaire de la conscience, a par conséquent des bases solides qui la rendent très stable. Dégagée de toutes questions d'intérêts matériels, elle n'a pas à lutter contre certains désirs égoïstes de l'individu et peut alors, sans trop d'efforts, conserver sa constance, sa droiture, sa fermeté. En un mot, c'est l'homme en face de sa conscience ; la conscience dicte, l'homme obéit.

— C'est parfait, mais à la condition que la conscience dicte juste et bien et que l'homme obéisse de même. Vous venez de dire que la conscience a trois facteurs ; je veux bien le croire, j'objecterai seulement que les croyances et à leur 2e degré, la foi n'ont rien de rationnel et sont de ce fait à la merci de toutes les erreurs. Une conscience qui dicterait uniquement d'après des croyances pourrait dicter des choses fausses et peut-être mauvaises. Dans ce cas, la constance, la fermeté, seraient des qualités fort regrettables.

— Une fois de plus vous réclamez des vérités. Je me suis déjà expliqué à ce sujet, à quoi bon y revenir ? Le mot : conscience, sous-entend toujours le mot sincérité. Un être qui a la sincérité a tout ce qu'on peut exiger de lui. Il peut se tromper — qui ne se trom-

pe pas ? — mais oserait-on l'en blâmer ? Si la morale intérieure existait seule, il n'y aurait que des gens sincères.
Ce qui est amoral ou immoral le serait sans ambages,·
sans vernis de moralité,. sans hypocrisie. Pouvez-vous
imaginer ce qui résulterait d'un pareil état de choses ?

— Nous serions trop heureux.

— Oui, mais un tel bonheur ne me paraît guère désirable.

— Décidément, vous êtes un homme de malheur, vous
avez toujours peur que l'humanité soit trop heureuse.

— Détrompez-vous. Je n'ai que peur qu'elle soit trop
malheureusement heureuse, c'est-à-dire que j'ai peur pour
elle de tout bonheur factice et inutile qui retarderait son
véritable bonheur. Personne mieux que moi ne désirerait
voir venir le règne de la sincérité. J'entends une sincérité
réciproque, complète, sans lacunes, si grande, si haute,·
qu'elle n'aurait rien de comparable à la sincérité du
plus sincère des hommes.

— Vous allez loin.

— En effet, très loin, car cette sincérité ne pourrait exister qu'en marchant de pair avec une morale idéale qui elle
aussi n'aurait rien de comparable à notre pauvre morale.

« Vous voyez que nous n'en sommes pas encore là ! Ici-
bas, en prenant les hommes tels qu'ils sont, nous leur
trouvons un coéfficient de sincérité que nous appelons :
morale intérieure. Cette morale, je le répète, est la plus
sûre, la plus précieuse. Malheureusement elle n'est pas encore assez développée pour se passer de tout *adjuvant,* et
c'est la raison pour laquelle il ne serait pas souhaitable
qu'elle existât seule. N'obéissant qu'à la conscience, elle est
trop ferme, trop stable, et aussi trop *limitée.* On pourrait
à priori, lui appliquer la formule *moins* tandis que la morale *intégrale* serait la formule *plus.* Il faudrait alors
une formule intermédiaire pour concilier ces deux morales et nous la trouvons dans la morale *extérieure,* ou du
moins dans cette part de morale qui commande l'effort
vers le mieux, vers le progrès, et qui fait donner cet effort
pour des raisons diverses que nous avons examinées,
notamment par l'amour-propre que fait naître la conscience de soi et de sa valeur propre, -- choses toujours
un peu présomptueuses -- sur : les convenances, le bon

ton, le savoir, dans : les affaires, les rapports sociaux,
et relations de tout ordre, vers : la considération, le
prestige, l'intérêt et autres avantages à penchants égoïstes.
On a dit, vous le savez, que la morale était toute en
contrainte. Je pourrais ajouter que la morale extérieure
d'un individu tient sa contrainte d'autrui, tandis que la
morale intérieure tient sa contrainte de soi-même. Donc,
c'est pour soi qu'on se contraint envers autrui ; c'est
pour autrui qu'on se contraint envers soi. D'un côté,
l'égoïsme, clef des biens matériels ; de l'autre, l'altruisme,
clef des biens spirituels.

— Ces biens spirituels sont des biens... *bien* problé-
matiques !

— Votre morale de la conscience n'est pourtant pas
problématique. Ne la considérez-vous pas comme un bien ?

— Je crois un bien d'avoir une conscience libre, indé-
pendante, affranchie de toute influence extérieure ou sentimentale. J'ai foi en la vérité, rien qu'en la vérité.

— Alors, vous *croyez*, vous avez foi, vous' l'ennemi
des croyances ! Il est vrai qu'il s'agit de vérités ! N'oubliez pas que tous ceux qui croient, même ceux qui
croient aux choses les plus fausses sont du même avis
que vous : il s'agit de vérités ! En effet, il serait difficile
de concevoir comment on pourrait croire autrement !

— Enfin, il y a la raison.

— Croire à la raison est une croyance de plus, mais
pourrait-on vous en blâmer ? On a jamais trop de croyances, trop de foi, car il est plus facile d'en perdre que
d'en acquérir. Souvenez-vous que la sincérité est fille
de la foi et que si la morale de la conscience est forte,
stable, c'est grâce à la sincérité.

— Vous ne pouvez nier qu'au point de vue moral, certaines croyances sont néfastes.

— J'allais vous le dire. Certains peuples ont des croyances néfastes à la morale, mais si tout à coup ces mêmes peuples n'avaient plus de croyances, leur morale
deviendrait si faible, si variable, qu'elle serait alors néfaste elle-même. Seulement, si les croyances sont nécessaires, il serait absurde de vouloir discuter sur leur
valeur, sur leur véracité, et, à plus forte raison, sur
leur objet. A part quelques exceptions, les croyances

suivent les lois de la morale, et les individus, les sociétés, les peuples, ne peuvent avoir que celles qui leur sont accessibles. L'intelligence, la bonne éducation, la culture psychique surtout, trop peu connue encore, peuvent modifier les croyances, les élargir et les orienter vers la vérité. La morale suit le mouvement.

— Que penser pourtant de certains croyants qui sont très immoraux ?

— Ceux-là ne sont pas des croyants. Ce sont des simulateurs inconscients, des esprits faibles, sans volonté. Ce sont des *arriérés,* — psychologiquement parlant, — qui s'efforcent d'avoir foi, mais n'ont en somme qu'une foi naissante, trop instable, dont le manque de vigilance laisse se produire des défaillances regrettables, mais beaucoup moins fréquentes et moins graves qu'elles le seraient en l'absence complète de foi.

— La mauvaise foi, mieux vaut n'en avoir pas !

— Il n'y a pas de mauvaise foi — selon la signification que vous donnez à ces mots — mais il y a, j'en conviens, la foi insuffisamment bonne, insuffisamment forte, voilà tout. La foi sincère ne peut guère être mauvaise ; la foi non sincère peut-elle exister ? Remarquez bien que ce que je dis là serait incompréhensible pour quiconque perdrait de vue que nous parlons de la morale intérieure, c'est-à-dire, je le répète, de l'homme seul en face de sa conscience.

— Quoi que vous disiez, mon dernier atout doit vous faire perdre la partie. Le voici : Certains hommes incroyants, sans foi, ont pourtant une bonne morale intérieure. Quelle explication donnez-vous ?

— Ces hommes ne se connaissent pas et vous ne les connaissez pas. Sans foi, on ne peut avoir tout au plus que de l'*amorale.* Toute bonne morale est subordonnée à la foi, mais il serait superflu de discuter sur les *objets* de la foi : quels qu'ils soient peu importe. On peut ignorer sa foi et l'avoir tout de même. Vous, par exemple, adversaire de la foi, vous avez la meilleure foi en la raison, la droiture, la conscience libre des esprits forts, etc.

— Et vous-même ?

— Moi, je n'ai qu'une seule foi : elle est dans la foi !

VI° DIALOGUE

Encore la foi — Les phases de l'évolution spirituelle

M. Méta. — Eh ! bien, *Monsieur Maté*, voulez-vous me permettre aujourd'hui de vous parler encore un peu de la morale ?

M. Maté. — Sans doute, Monsieur Méta, mais auparavant, je serais heureux d'ajouter quelques mots à notre dernier entretien sur la foi.

— Rien de plus juste ni de mieux à-propos. Morale, foi, conscience, religion, sont des choses qui ont d'étroits rapports ; parler de l'une conduit naturellement à parler des autres, et il arrive fréquemment qu'il faudrait pouvoir parler simultanément de toutes !

— C'est, je crois, ce que vous tentez souvent de faire, sans vous en douter, du reste.

— Et par défaut de talent, je n'y réussis pas !

— Heureusement, car en littérature ce talent serait un grave défaut !

— Allons ! vous avez la parole et je suis tout oreilles.

— Voici : Je suis à vos yeux un adversaire déclaré de la foi et vous prétendez ironiquement que j'ai la foi quand même. Peut-être que vous ne vous trompez guère, quant à l'apparence, mais vous vous trompez bien quant à la réalité, ce qui fait que, somme toute, vous avez un peu raison et beaucoup tort. A mon avis, il y a deux sortes de foi : la foi mystique et la foi rationnelle. La première, c'est la vôtre ; la seconde, c'est la mienne, voilà tout !

— La foi est toujours plus ou moins mystique, mais comment pouvez-vous l'imaginer rationnelle ? Il n'y a de rationnel que ce qui peut se mesurer ou se peser. Pouvez-vous mesurer ou peser la foi ? En tous cas, si la foi rationnelle existait, ce n'est pas chez les matérialistes (dont la plupart ignorent leur foi) qu'il faudrait la

chercher, mais plutôt chez les spiritualistes, chez les
théosophes modernes, les psychistes expérimentateurs, etc.,
etc. Ceux-là n'ignorent pas leur foi. Ce sont des spécia-
listes dans l'art d'étudier la morale, la conscience, les
religions, l'âme, et mieux que personne ils seraient qua-
lifiés pour parler de foi rationnelle. Chose bizarre, ce
sont eux qui en parlent le moins !

— Sans doute parce qu'ils ne sont pas encore parvenus à
mesurer la foi !

— Oui, mais ils sont parvenus à savoir que certaines
facultés humaines, certains phénomènes psychiques se
mesurent à la foi !

— Décidément, la foi qui ne se mesure pas, mesure
beaucoup de choses. Je ne puis vous suivre sur ce terrain plutôt... scabreux. Je ne tiens pas à mesurer ma foi
ni à être mesuré par elle.

— Vous n'êtes plus rationnel ?

— Je le suis et le serai toujours. J'ai foi au rationnalisme, donc ma foi est rationnelle.

— Alors, la foi qui mesure beaucoup de choses ne
mesure plus rien pour vous, et le *rationnel* seul mesure
votre foi ! Vous faites là une inversion qui vous tire un
peu d'affaire, mais qui ne tire pas l'affaire au clair. Au
surplus, on pourrait se demander si votre rationnel est vraiment rationnel. Toutefois, par la façon dont j'envisage
le problème, cette question est sans importance. Vous
avez foi au rationnalisme. C'est entendu. Nous n'avons
pas à discuter sur l'objet de la foi. Permettez-moi seulement de vous faire remarquer que, presque toujours,
Monsieur, tout le monde a foi au *rationnel*, mais Monsieur
Tout le monde n'a pas toujours la foi mystique.

— Heureusement, car cette dernière est néfaste au progrès.

— Je vous ai prouvé le contraire. J'ajouterai seulement
que la foi mystique est très supérieure à la foi soi-disant
rationnelle, par la seule raison qu'étant au-dessus des
contingences matérielles, elle ne connaît pas l'égoïsme.
Le mysticisme engendre les grandes vertus et préside
aux grandes actions. Par exemple, l'idée de Patrie est
essentiellement mystique, et se traduit par une foi de
même nature qui peut intensifier la volonté et la force

morale d'un homme, jusqu'au point de provoquer chez lui des actes sublimes, héroïques.

— Pourtant, les héros ne sont pas toujours des mystiques.

— C'est peu probable. L'héroïsme n'est pas rationnel ; il ne raisonne pas. Ordinairement, c'est un élan spontané, — trop spontané pour que la raison ait le temps d'intervenir — qui révèle des qualités ignorées. D'autres fois, c'est une œuvre de longue haleine dans laquelle se poursuit obstinément un but tracé d'avance.

— Vous voulez dire que parmi les hommes de raison, il n'y aurait pas de héros ?

— Il peut y en avoir, mais ces héros raisonneurs ne raisonnent qu'après coup, jamais avant. Raisonner au moment de faire un acte héroïque c'est la façon la plus sûre pour ne pas l'accomplir. La raison est ennemie de l'héroïsme autant qu'ennemie de la foi.

— Je pourrais vous répondre que la foi est ennemie de la raison.

— L'héroïsme et la foi sont au-dessus de la raison et ne la connaissent pas. La raison peut nuire à l'héroïsme comme elle peut nuire à la foi ; l'héroïsme et la foi ne peuvent guère nuire à la raison. Quand la raison intervient, héros et croyants se transforment rapidement en vulgaires raisonneurs ; l'héroïsme et la foi interviennent rarement pour transformer les raisonneurs en héros ou en croyants.

— Quoi que vous disiez, je persiste à croire que la foi mystique est nuisible à la raison. Sous son empire, l'homme est un esclave qui se complaît dans son esclavage et n'en désire pas sortir. La foi mystique ferme tous les horizons de progrès, de liberté. Avec elle, il n'y a pas d'émancipation possible. C'est un mur infranchissable qui s'élève entre l'homme et le progrès, entre l'homme et la raison.

— A mon tour, quoi que vous disiez, je persiste à vous répéter que la foi mystique est d'essence supérieure parce que vraie ou fausse, cette foi ne peut venir que d'une cause supérieure. La valeur de la foi étant presque toujours supérieure à la valeur de l'homme, la foi peut élé-

ver l'homme ; exemple : l'héroïsme. La valeur de la raison
est souvent inférieure à la valeur de l'homme.

— Je connais la valeur de la raison, mais je n'ai pas
les moyens de déterminer la valeur de la foi, ni la valeur
de l'homme.

— En effet, la foi n'est guère accessible à la faible
raison humaine. Toutefois, ne condamnons pas cette dernière inexorablement ; laissons-là progresser, peut-être
que dans quelques milliers d'années...

— Vous faites des concessions ? Ne seriez-vous plus
l'ennemi implacable de la raison ?

— L'aurais-je été déjà ? Je ne le crois pas. Je ne
suis l'ennemi de rien. Si, trop jeune et trop limitée par
nos faibles moyens d'expression et d'investigations, notre raison vacille devant certains problèmes, rien ne
prouve qu'une raison plus haute, plus évoluée s'exer-
çant dans de meilleures conditions, une raison de sur-
homme enfin n'existe pas quelque part et que tôt ou tard
notre humanité ne l'atteindra pas. En attendant, il serait
illogique de combattre systématiquement la raison sincère qui s'évertue à trouver des explications à divers
problèmes, mais il serait dangereux de laisser prendre à
la raison qui veut tout raisonner une importance qu'elle
ne doit pas avoir. Par contre, il serait aussi illogique de
combattre systématiquement la foi, étant donné que chacun a sa foi.

— Vous oubliez d'ajouter qu'il ne faut pas laisser prendre à la foi une importance qu'elle ne doit pas avoir.

— Je n'oublie rien, car je n'ai pas cette crainte. Souvenez-vous que les meilleures choses se perdent toujours
plus facilement qu'elles ne s'acquièrent. Un croyant, je
vous le répète, perd plus facilement sa foi qu'un raisonneur sa raison. Sans effort, un croyant peut devenir
raisonneur ; même avec effort, un raisonneur ne devient
guère croyant.

— Cela s'explique. La foi est une de ces choses vieil-
lies, usées, qu'on met au rancart et qu'on ne touche
plus. La foi appartient aux temps révolus, la raison aux
temps nouveaux.

— Un jour viendra où les temps nouveaux seront éga-

lement révolus ; qui sait si le révolu ne reviendra pas
nouveau ? Sachez qu'il y a quelque chose de plus nouveau que le nouveau : c'est le renouveau ! Si la foi vieillit,
si elle n'est plus de mode, si elle se perd — ce qui est
très contestable — ce ne peut être que pour un temps
relativement court après lequel elle renaîtra plus vivace
et plus forte. Elle peut subir un temps d'arrêt, mais c'est
pour prendre élan et monter plus haut. Il serait pourtant
préférable de la voir monter plus haut sans subir d'arrêt.
Ici, nous atteignons un certain tournant de notre... histoire qui pourrait bien me chatouiller la langue. En
effet, je sens venir l'envie de vous exposer brièvement
une théorie de l'évolution spirituelle de l'homme, au point
de vue *croyance*. Je ne sais si je dois céder sans risque...

— Vous êtes dans vos bons jours ! Allez-y donc, vous
ne courrez aucun risque.

— Vous me rassurez, mais je sais par expérience que
lorsqu'on veut étaler des théories un peu trop... concises,
on court beaucoup de risques, notamment celui d'être
compris de travers, le pire de tous les risques ! Avec
vous, je n'ai pas cette crainte, aussi je peux bien me
permettre cette petite digression !

— Le risque d'être compris de travers existe, mais
il y a aussi le risque d'une explication confuse ! Je
me hâte d'ajouter que ce n'est pas le cas de votre dialec-
tique et je vous en félicite !

— N'en jetez plus !... Lisez plutôt ceci :

Superstition	Raison.
Matérialisme	Instinct.
Mysticisme	Sentiment.
Positivisme	Raison. Jugement.
Psychisme	Volonté.
Métaphysique	Intelligence.
Théosophie	Intuition.

(Spiritualisme) accolade pour Psychisme, Métaphysique, Théosophie

— C'est bref, c'est net, c'est clair, c'est... Qu'est-ce que
cela signifie ?

— Je vais vous le dire. L'évolution spirituelle de
l'homme, au point de vue *croyance*, passe nécessairement
par diverses phases qui sont :

Superstition.   La superstition appartient à l'instinct.
C'est une croyance vague, incertaine, et toujours empreinte
de fausseté

Matérialisme.   Le matérialisme appartient aux pré-
misses de la raison et se trouve un degré au-dessus de
la superstition. C'est le règne de la parfaite *incroyance*.
Sous prétexte de s'affranchir de la superstition dont il
est issu, le matérialisme rejette toutes les idées, toutes
les croyances, et ne veut connaître que la seule réalité
des choses matérielles pondérables sur lesquelles il croit
pouvoir fixer son contrôle.

Mysticisme.   Le mysticisme appartient au sentiment.
C'est une foi ardente sincère, un peu naïve peut-être,
parce qu'elle se contente d'elle-même, n'exige ni contrôle,
ni explications. Uni à la bonté, le mysticisme peut faire
de grandes choses et peut atteindre certaines vérités.

Positivisme.   C'est un matérialisme supérieur qui appartient encore à la raison avec en plus, un peu de jugement. Il ne connaît que la science, mais la science des
faits contrôlables, palpables, à l'exclusion de toute comparaison, de toute hypothèse et même de tout raisonnement ! Vous voyez que la raison ne connaît pas toutes
les raisons ! Le positivisme n'admet que les connaissances tangibles de la *connaissance* humaine. Dans ces conditions, il ne peut guère dépasser la sphère des choses dites *matérielles*. Aussi, l'incroyance y règne complète, et,
rivant l'esprit à la matière, elle l'isole des choses spirituelles. Celles-ci sont alors inaccessibles à tous les points
de vue et l'incroyance s'en trouve fortifiée. Le positivisme
comprend surtout des mystiques dissidents qui n'ont pu
atteindre d'emblée la culture supérieure. Le positivisme
forme un point d'arrêt ou de *transition* entre le mysticisme et le spiritualisme. Ne trouvant pas dans le mysticisme
les explications qu'il désire et ne s'orientant pas du côté
du spiritualisme, l'esprit devient incrédule et réfractaire
à tout, même devant les meilleures preuves que leur apporte la psychologie moderne.

Spiritualisme. — Il n'est accessible qu'aux esprits suffisamment évolués. Il appartient au domaine de toutes
les grandes facultés humaines et les résume toutes. La

science y tient la première place, à côté du mysticisme,
mais un mysticisme supérieur guidé par la faculté suprême : l'intuition. Le Spiritualisme cultive la volonté,
développe l'intelligence et même la raison ! Le Spiritualisme ne nie rien, ou plutôt, il ne nie qu'une chose : le
néant ! Il ouvre la porte à toutes les recherches, à tous
les progrès, mais il exige chez les adeptes une culture
préparatoire donnant de grandes largesses de vue et des
connaissances générales, sinon étendues, du moins nombreuses. Voilà pourquoi le spiritualisme, n'est accessible
qu'aux esprits suffisamment évolués.

— J'ai compris ! Vous voulez dire que je suis trop ar-
riéré pour avoir votre foi. Merci du compliment ! Je pourrais comme vous, échafauder des théories en haut des-
quelles je percherais le matérialisme, et puis je viendrais
vous dire : Ceci n'est accessible qu'aux esprits suffisamment évolués !

— Faites vite cela. Seulement, donnez-moi des arguments valables comme je vous en ai donné moi-même.

— Vos arguments sont valables pour vous ; ils ne le
sont guère pour moi, car j'ignore et veux ignorer votre
métaphysique, votre psychisme, votre... je ne sais quoi
encore !

— Mes arguments en faveur de choses que je connais
pour les avoir étudiées de près, sont certainement mieux
valables que ceux que vous pourriez formuler contre
ces mêmes choses, dont, de votre aveu même, vous ignorez tout. Il est vrai que vous vous abstenez d'opposer
des arguments sérieux, et pour cause ! Vous en êtes réduit à porter un jugement négatif qui se nie lui-même !
Car, peut-on porter un jugement quelconque sur des questions qu'on ignore ? Étudiez d'abord ces questions, moi
j'étudie bien les vôtres ! Voyez, cherchez, comparez, après
nous pourrons discuter et vous verrez que nous serons
d'accord.

— Vous voudriez me lancer dans des recherches incer-
taines, interminables ! C'est inutile et c'est impossible. Il
faudrait d'abord que je doute de moi, mais peut-on douter
du positif ma seule croyance.

— En somme, vous doutez pour affirmer ce que vous ne

connaissez pas. C'est très juste, mais il serait logique
que vous doutiez aussi pour nier ce que vous ignorez.
Ce n'est pourtant pas ce que vous faites envers mes théories.

— Je vous le répète, je n'admets que les choses positives,
le reste n'existe pas pour moi. Je ne puis m'attarder sur
des illusions, des rêvasseries, ou des théories hypothéti-
ques. Le temps est précieux et je n'en ai point à perdre.

— Moi non plus je n'en ai point à perdre et j'en perds
tout de même, en ce moment... Il est vrai que j'en gagne
un peu... pour vous !..

— Je n'ai pas bien compris...

— Je le sais.

— Expliquez-vous.

— C'est inutile. Malgré toute leur force, mes arguments
seraient encore probablement sans valeur...

— Ah !.. Vous voulez dire que je ne suis pas encore
assez évolué pour comprendre...

— Vous le serez bientôt, car vous êtes perspicace.
Au revoir, Monsieur Maté !

VIIᵉ DIALOGUE

La morale efficace. Qu'est-ce que le mal ?

M. Méta. — Vous vous souvenez bien que tout dernièrement je voulais vous parler encore un peu de la morale
lorsque cédant à votre désir nous parlâmes seulement de
de la foi.

M. Maté. — Parfaitement, et je me souviens aussi que
si nous ne pûmes concilier nos théories ce ne fut pas par
manque de bonne foi.

— Certes oui. On pourrait même dire que c'est par trop
de bonne foi ! Deux hommes sincères mais professant
des doctrines différentes, ne peuvent guère se mettre d'accord. La bonne foi ne fait pas de concessions ; elle ne
peut pas en faire, n'en ayant point en réserve.

— Alors, nos discussions seraient toujours stériles ?

— Pour le moment, oui. Un terrain ne produit pas de récolte le jour même de son ensemencement.

— Des paraboles ? Oh de grâce ! Parlez-moi plutôt de la morale.

— Pardon, je vais vous en *reparler !* D'ailleurs ce qui me reste à vous dire ne sera qu'une amplification d'arguments déjà égrenés. Je veux seulement préciser certains points laissés dans l'ombre au sujet de la morale avec Dieu ou de la morale sans Dieu. Je prévois qu'il sera difficile de nous entendre, car les deux points de vue sont catégoriques et ne se prêtent pas aux transitions.

— En effet, je ne conçois pas comment vous pourriez imaginer une morale mitigée dans laquelle Dieu figurerait sans y figurer tout en y figurant...

— Je pourrais bien l'imaginer, mais à quoi bon ! Dieu *est* ou *n'est pas,* et si je vous proposais un demi-Dieu sans doute que vous n'en voudriez encore moins que d'un Dieu véritable !

— Vous avez raison. La morale sans Dieu qui est celle des esprits forts, ne peut d'aucune façon accepter le mot Dieu. Comme vous, je dis : Dieu *est* ou *n'est pas.* Je ne connais pas de demi-Dieux ni de mauv' Dieux, et si je faisais la moindre concession sur la possibilité d'une puissance Divine je trahirais ma conscience, je capitulerais devant la sentimentalité, et vous savez — je vous le répète — que la sentimentalité rend l'homme faible.

— Je comprends très bien que vous ne connaissiez pas Dieu car vous en êtes encore... un peu éloigné. Je crois cependant que les demi-Dieux sont plus près de vous. Plus près de vous encore sont les sous-demi-Dieux les génies les grands savants, les grands artistes, etc.

— Vous êtes vraiment plaisant. Vous parlez de Dieu, vous tombez sur les demi-Dieux et finalement vous dégringolez sur les hommes comme si ces derniers pouvaient en quelque sorte détenir une certaine parcelle du pouvoir divin Vous faites ainsi une *marche descendante* qui me parait très *inharmonique* car si Dieu est Dieu — ce que j'ignore — les génies, les savants, les artistes sont des hommes — ce que je sais — et rien de plus. Je suppose que vous

n'oseriez pas sérieusement les gratifier du titre d'aspirant
à la divinité !

J'oserais sérieusement bien autre chose et je puis vous
affirmer que vous perdez bien inutilement la petite malice
que vous dépensez en me posant des questions qui vous
paraissent embarrassantes mais qui au fond, sont la simplicité même. Cependant, n'attendez pas la réponse que
je pourrais vous faire...

Ah ! vous avez peur d'être compris de travers !

Cela arrive, mais j'ai peur surtout de déplacer la base
de notre discussion. Vous me conduisez sur un terrain très
vaste qui nous mènerait loin, et nous éloignerait un peu
trop de la question qui nous occupe : la morale. Aussi,
j'ajouterai seulement ceci : En acquérant du savoir l'homme emmagasine des pouvoirs que je n'appellerai pas *divins*
mais qui n'en sont pas moins des pouvoirs. Par exemple,
l'homme primitif ne savait rien et de ce fait ne pouvait
rien. L'homme actuel sait peut mais enfin il sait quelque
chose, donc, il peut quelque chose.

· Parlez-en ! Il a le pouvoir de tuer légalement ses
semblables et de se faire tuer tout aussi légalement !

· C'est un pouvoir comme un autre, mais je n'ai pas en
vue ce genre-là. Si vous pouvez guérir un malade ou inventer une machine, c'est que vous aurez plus de pouvoir
que moi qui ne guéris personne et n'invente rien. Je dis
que *savoir* et *vouloir* c'est *pouvoir*. Tous les hommes
ou plutôt toutes les intelligences n'ont pas le même savoir
ni la même volonté ni par conséquent le même pouvoir.
Or, si une intelligence peut posséder un certain pouvoir
vis à vis d'une autre intelligence qui en a moins ou pas du
tout, nous pourrons toujours supposer une autre intelligence
qui en possède davantage et ainsi de suite jusqu'à l'intelligence de toutes les intelligences jusqu'à l'infini, c'est-à-
dire jusqu'à Dieu. Mais revenons à notre sujet et pour vous
montrer tout le désir que j'ai de me trouver enfin d'accord
avec vous je vais vous faire une proposition bizarre peut-
être mais très facile à suivre. Moi, je crois à l'infini. Or,
qu'est-ce que c'est que l'infini si ce n'est Dieu ? Vous, c'est
différent vous croyez seulement au fini. Or, qu'est-ce c'est
que le fini si ce n'est des parties de l'infini ? Donc, moi, je
crois au *Tout* tandis que vous ne croyez qu'aux parties

du *Tout*, et, pour m'exprimer plus simplement je dis : moi je crois en Dieu ; vous non. Eh ! bien, pour défendre la cause de la morale avec Dieu, je vais admettre un instant que Dieu n'existe pas ; pourrez-vous de votre côté défendre la cause de la morale sans Dieu en admettant que Dieu existe ?

Sauf votre respect laissez-moi vous dire que votre proposition est absurde. On ne défend pas une chose en laquelle on ne croit pas, car feindre de ne pas y croire n'empêche pas d'y croire tout de même et inversement. En tout cas, l'avantage serait tout pour vous, car si Dieu existe que j'y crois ou non j'aurais tout à perdre à le nier ; s'il n'existe pas, que vous y croyez ou non vous n'aurez rien à perdre à l'affirmer.

Vous êtes trop fort, trop perspicace et cela vous fait perdre la partie avant de l'avoir jouée. Votre réponse consacre catégoriquement à tous les points de vue l'avantage de la morale avec Dieu. Que pourrais-je désirer de plus ? Aussi, j'estime que nous pourrions nous en tenir là, car pour ma part, je ne trouverais rien à ajouter de plus concluant...

— Vous n'avez donc pas beaucoup d'arguments en réserve, puisque c'est moi qui vous fournis le meilleur. C'est bon signe en ma faveur. Ne vous leurrez pas trop d'illusions ; on ne perd pas la partie par la seule raison qu'on est beau joueur et qu'on joue cartes sur table. Que voulez-vous, j'ai des principes, moi ! Je ne dissimule rien. La sincérité, la loyauté, la droiture, la fermeté me guident avant tout et pour tout. Ce sont les bases de ma morale et avec cela on peut bien se passer, je crois, de faire intervenir un Dieu qu'on n'a jamais vu ni connu !

— Vous parlez très bien et il serait souhaitable que tous les hommes parlent comme vous et agissent de même, car s'il est facile de parler, il est plus difficile d'agir. La seule idée des mots : droiture, loyauté, sincérité, fermeté etc., exalte très bien les sentiments pour donner une certaine force morale. Vous voyez que la sentimentalité peut rendre l'homme fort, au lieu de le rendre faible, comme vous le prétendez. Mais, dès que l'idée de ces mots qui ne sont que des mots, se trouve en conflit avec des idées

contraires, la sentimentalité baisse, la force morale aussi,
et alors que reste-t-il de l'édifice ?

· Pensez-vous que l'idée du mot Dieu, soit autre chose
que l'idée d'un mot ?

· Pour un athée comme vous, non. Pour un croyant
comme moi, oui. Dans l'idée de Dieu, il y a le mot qui
résume bien tous les mots que vous mettez en avant,
mais il y a surtout la *chose*, ou tout au moins l'image
de la chose qui impressionne assez fortement l'esprit pour
lui donner en horreur le mal.

· Je ne nie pas que certains esprits faibles aient besoin
du secours d'images pour raffermir leur volonté chance-
lante, mais les esprits forts, conscients d'eux-mêmes n'ont
pas besoin de tels stimulants, de telles tromperies qui
conduisent fatalement au fanatisme, à la fourberie et
même à l'hypocrisie.

· C'est le refrain du grand-air sur les grands mots ! Ne
vous montez pas la tête, vous vous enferrez sur votre
meilleure épée et alors j'ai la partie trop belle. Ainsi ce
qui raffermit la volonté des faibles doit être une chose
raffermissante qui n'a d'autre pouvoir que celui de raffermir ; je veux dire que cette *chose* ne peut avoir deux
pouvoirs opposés : raffermir les uns et ramollir les autres.
Donc, ce qui raffermit les faibles doit nécessairement raffermir les forts.

— Quand une chose est assez ferme il devient inutile
de la raffermir davantage. Vous savez que le mieux est
l'ennemi du bien.

— Je vous approuve. Mais du fait que vous êtes assez
ferme, il ne faut pas en conclure que tous les hommes
sont comme vous. Je crois même que vous êtes une exception fort rare, car je ne connais personne à qui vous
comparer. En effet, j'avais toujours cru que l'homme
le plus ferme avait ses moments de faiblesse et je me
demande si votre cœur, votre conscience n'a jamais eu
à lutter avec la tentation.

— Ne me ridiculisez pas, je ne suis pas exempt de
défauts, mais dans les moments critiques je sais rester
ferme, grâce à mes principes de droiture, de franchise...

— Allons, ne vous compromettez pas. La droiture, la

franchise, etc., sont des choses très raffermissantes. Du
moment que vous en faites usage il m'est permis de supposer que votre fermeté n'est pas toujours complète. Et
si je pense que vous êtes un esprit d'élite, que devrais-je
penser des autres hommes qui sont des esprits vulgaires ?
Ceci me semble démontrer clairement la nécessité d'un
soutien quelconque pour raffermir la morale des hommes.

Nous sommes d'accord sur ce point. Je ne conteste pas
l'utilité d'un soutien pour les esprits faibles qui n'ont
pas bien conscience d'eux-mêmes, mais je voudrais que
ce soutien soit une chose positive, démontrable, indis-
cutable, et non pas des images aussi peu vraies qu'in-
vraisemblables, des fétiches en bois, en plâtre ou en ci-
ment, bref, un tas de bagatelles qui frisent le ridicule et
vont à l'encontre du but en rendant plus simplistes encore
des esprits déjà trop simples. Voyez ces pratiques de dé-
votion qui annihilent toute la volonté et même toute l'intelligence des badauds qui s'y adonnent. Et ce n'est pas
tout ! Voyez cette belle jeunesse à qui on inculque des
idées fausses, surannées, absurdes, alors qu'elle aurait
besoin d'une éducation saine, forte, basée sur des vérités
certaines et explicables. Les temps ne sont plus à la
superstition, au mysticisme béat ni aux belles illusions.
Ne nous payons plus de mots, agissons, soyons franc
envers nous-mêmes et surtout envers nos enfants.

— Mon cher ami, j'avoue que vous me secouez fortement, mais je ne puis que m'en réjouir car si déjà vous me
lancez à la face vos plus forts arguments, c'est que vous
sentez le terrain se dérober sous vos pieds, et comme vous
ne voulez pas perdre la partie... déjà perdue ! Bref, vous
convenez que les esprits faibles ont besoin d'un soutien
moral et de même les forts, puisque vous convenez que
les plus forts ont leurs moments de faiblesse. C'est pour
moi le point essentiel. D'accord pour le but, nous ne
le sommes pas pour les moyens. Examinons ces moyens.
Les vôtres sont très louables ; — je le dis sans flagornerie
— ils sont basés sur le principe des faits positifs, contrôlables, sur la droiture, la sincérité, la force de caractère
etc., mais !... — et c'est là leur moindre défaut, — ils
n'ont pas de sanction morale autre que celle que le sujet

veut et *peut* donner selon sa force de caractère. Les
miens sont tout aussi positifs dans le domaine du spiritualisme que les vôtres le sont dans le domaine du matérialisme. Mais, pour vous faire plaisir, j'admets qu'ils
ne le sont pas, que Dieu est un leurre, que le soleil
est un miroir, que la lune est un fromage et les étoiles
des vers-luisants ; j'admets que les religions sont des balivernes, les religieux des farceurs, etc... J'admets tout ce
que vous voulez, et je vous réponds : Que m'importe que
Dieu soit un leurre si son image réconforte mon âme ;
que m'importe que le soleil soit un miroir, si ce miroir
me réchauffe et me donne la vie ; que m'importe que
la lune soit un fromage, si ce fromage guide mes pas la
nuit ; que m'importe que les étoiles soient des vers-
luisants, si ces vers-luisants attirent mes regards vers
l'immensité du ciel ; que m'importe que les religions soient
des balivernes, si ces balivernes fortifient ma conscience ;
que m'importe que les religieux soient des farceurs, si
ces farceurs donnent de bons conseils, consolent les ma-
heureux et soulagent les souffrances. Si l'erreur m'est utile
et me sert comme une vérité, dois-je préférer la vérité
inutile qui me servira moins qu'une erreur ? Et puis,
quel est l'homme sur terre qui oserait se flatter de connaître une vérité ? Pourtant, quand vous cherchez les
meilleurs moyens de soutenir la morale, vous n'avez en
vue que les *moyens vrais* qui ne sont pas toujours les
vrais moyens, parce que ce qui est vrai pour vous, peut
aussi n'être pas vrai pour tout le monde. En résumé, vous
en êtes pour les moyens vrais tandis que j'en suis pour
les moyens efficaces, n'est-ce pas cela ?

— Vous ne m'avez pas encore démontré que vos moyens sont plus efficaces que les miens.

— Je vous ai démontré que c'était tout aussi efficace
de prendre la lune pour un fromage que pour une vraie
lune ! Vous voyez que les vérités ne sont pas toujours in-
dispensables.

— Allons, choisissez mieux vos plaisanteries !

— Ce n'est pas une plaisanterie, c'est une image.

— Je ne crois pas aux images.

— Croyez-vous aux coliques ?

— Vous baissez, vous baissez, Monsieur Méta, Je ne vous reconnais plus !

— Vous allez me reconnaître. Je suppose que vous avez des coliques, violentes, atroces, et je vous apporte deux remèdes. Le premier est une composition savante, dosée avec précision, préparée avec art et vous avez la certitude que ce remède est loyal, sincère, c'est-à-dire qu'il contient exactement ce que la formule indique. Le remède est donc vrai et c'est le vrai remède des coliques. Le second remède est une composition secrète dont vous ignorez tout. Naturellement, vous choisissez le premier, car vous êtes positif, vous voulez des certitudes, vous exigez la droiture, la sincérité, etc. Malheureusement, ce remède ne vous soulage pas. Comme les coliques persistent, et malgré vos principes, — les coliques en ont aussi ! — vous vous décidez à prendre le second remède qui vous guérit instantanément ! Peut-être qu'à l'avenir, si vous avez encore des coliques — ce que je ne vous souhaite pas — vous préférerez le moyen efficace au moyen sincère !

— Voudriez-vous me prouver qu'un moyen n'est pas efficace parce qu'il est sincère ou bien qu'un moyen est efficace parce qu'il n'est pas sincère ?

— Rien de tout cela. La sincérité n'exclue pas l'efficacité, et l'efficacité n'exige pas la sincérité. J'ai voulu seulement vous démontrer qu'en morale comme en médecine, le moyen efficace est toujours le meilleur moyen.

— Personne ne peut vous contester cela, mais tout le monde peut vous contester que la morale avec Dieu soit plus efficace que la morale sans Dieu.

— Vous me contraignez aux redites, je ne puis que protester, mais revenons à la morale des enfants. Nous avons convenu ensemble que les esprits faibles avaient besoin d'un soutien moral pour se maintenir dans la bonne voie et que les esprits forts en avaient besoin aussi...

— Les esprits forts, pas toujours.

— Pas toujours, mais souvent. Les enfants sont des esprits faibles...

— Faibles en tant qu'enfant.

— Bien entendu, mais à ce point de vue beaucoup

d'hommes sont de grands enfants et on doit les traiter comme tels.

J'estime qu'il y a une différence à faire. S'il faut être sincère et franc envers les enfants, à plus forte raison faudra-t-il l'être envers les hommes.

On ne peut être sincère et franc qu'envers ses égaux ou ses supérieurs. Quant aux autres, la franchise pourra être dangereuse autant pour le moraliste que pour le moralisé.

Avec des formules si élastiques, vous ouvrez la porte à l'arbitraire, à l'erreur ; vous donnez carte libre à la faiblesse humaine. Discuter sur l'utilité de la franchise, c'est avouer qu'on a perdu cette franchise ou qu'on est près de la perdre. On ne discute pas sur de pareilles choses. Pas d'équivoque, pas d'ambiguïté, mais des formules rigides qui ne permettent pas les compromissions. Si la prudence nous commande par hasard de ne point étaler trop de franchise, eh ! bien, taisons-nous !

Se taire quand on devrait parler, est-ce vraiment de la franchise ?

Oui, car parler quand on devrait se taire, c'est de la franchise inutile.

Nous voilà d'accord. On ne doit dire aux gens que ce qu'ils peuvent comprendre et ce qu'ils doivent savoir. Les premiers grands philosophes avaient bien compris cela quand ils créèrent les deux doctrines, exotérique et ésotérique, c'est-à-dire la doctrine populaire qu'ils enseignaient à tout le monde, et la doctrine secrète qu'ils ne confiaient qu'aux plus avancés de leurs élèves.

Nous ne sommes plus aux temps des anciens philosophes. A cette époque, l'ignorance était complète dans le peuple.

Elle est non moins complète aujourd'hui. Savoir lire et bien lire, bien écrire et bien compter, n'enlève pas toujours toutes les ignorances. Des personnes très instruites sont en même temps très ignorantes sur les choses de l'esprit. De nos jours, c'est le grand nombre. Malgré les temps nouveaux, la nécessité des deux doctrines subsiste plus que jamais. Il ne faut dire aux gens, — et surtout aux enfants, — que ce qu'ils peuvent comprendre et ce qu'ils doivent savoir. Pour qu'un tout jeune enfant n'approche d'une machine ou d'un endroit dangereux, peut-on trouver un moyen plus efficace que de lui dire : N'approche pas de cette machine, car il y a un gros loup dedans très méchant ; ou bien encore : Il y a dans l'eau de la rivière, de gros crapauds qui font peur aux enfants. Et pour certaines autres choses : Si tu fais cela le Jésus te fera mourir !

En voilà des sornettes d'autrefois, des épouvantails à moineaux, qui frappent l'imagination, faussent les esprits, rendent superstitieux et compromettent toute une éducation !

Que faut-il faire alors ? Expliquer techniquement à un enfant de quatre ans le danger de la machine et le danger du canal ? Vous ne frapperez pas son imagination, vous ne le rendrez pas superstitieux, vous ne compromettrez pas son éducation, seulement... il se fera happer par la machine ou se noiera dans le canal ! Conclusion : la seule véritable morale, c'est la morale efficace. La même morale n'est pas efficace pour toutes les catégories d'individus. Chez les peuples, chez les individus, les règles morales varient comme les moyens efficaces pour faire observer ces règles. La morale est forcément une contrainte, car celui qui n'a pas de morale, ne connaît pas la contrainte : il n'écoute que son bon plaisir. La contrainte agit par l'esprit, par la conscience ou par l'instinct de la conservation. La contrainte est un *effet* dont la cause (la morale) est en soi (morale sans Dieu) ou en soi et hors de soi (morale avec Dieu). Toute morale qui contraint l'homme au Bien est un soutien plus ou moins efficace. Dans la morale sans Dieu, ce soutien n'est théoriquement qu'en soi ; dans la morale avec Dieu, il est en soi et hors de soi.

— Permettez une question. J'admets avec vous qu'une morale ne peut convenir à tous les peuples, à tous les individus ; et je dis : la morale avec Dieu ne peut convenir à tous les peuples, à tous les individus. Je fais ainsi la preuve irréfutable que la morale sans Dieu peut convenir à d'autres peuples, à d'autres individus.

— Attendez ; ne brouillons pas les cartes. Le mot morale peut signifier deux choses, selon qu'on le prend comme adjectif ou comme substantif. Comme adjectif,

il s'applique aux mœurs, aux usages et coutumes, en un
mot, aux règles conventionnelles, qu'un peuple établit,
reconnaît et sanctionne. Comme substantif, il sous-entend la science de la morale, l'enseignement et la recherche des meilleurs moyens pour perfectionner les mœurs,
les usages, coutumes et règles conventionnelles. Pour la
morale (adjectif), on ne peut pas dire qu'elle est avec
Dieu ni qu'elle est sans Dieu. C'est un effet qui, comme
tous les effets, a des causes. La morale (substantif) ne
peut pas être complètement en dehors de toute idée de
Dieu, puisque l'homme cherche toujours en dehors de
l'homme *la* ou *les causes* dont il attend un *effet,* sans
doute parce qu'il ne dispose que de faibles moyens pour
se faire lui-même *cause* et se substituer à Dieu, — ce
que nous appelons Dieu n'étant pas un personnage, mais
plus exactement : la cause de toutes les causes. C'est
pourquoi je vous ai dit précédemment qu'une morale
sans Dieu serait celle qui compterait le plus de dieux,
étant donné que pour être telle, il faudrait que l'homme
puise intégralement *en lui-même* les *causes* de sa morale et par suite se substitue complètement à Dieu. Or,
un seul moyen lui appartient en propre et se résume en
ceci : *donner l'exemple.* Et encore, ce moyen n'appartient
pas à tous et n'est pas efficace pour tous. En tous cas,
c'est le seul qui soit la propriété de l'homme, si toutefois
l'homme n'est pas la propriété de Dieu.

— Encore une question et je vous tiens ! D'après vous,
Dieu est la cause de toutes les causes. Donc, il est la
cause des bonnes causes, comme il est la cause des mauvaises causes. Si l'homme prend *hors de lui* certaines
bonnes causes pour perfectionner la morale il pourra aussi
prendre *hors de lui,* c'est-à-dire *en Dieu* certaines mauvaises causes pour abaisser l'immorale. Et alors, que
pensez-vous de Dieu ?

— Votre question ne m'embarrasse pas, mais vous oubliez que je suis un fervent de la doctrine ésotérique et
moi je n'oublie pas que vous avez dit tantôt : Parler quand
on devrait se taire, c'est de la franchise inutile ! Pour
répondre convenablement à votre question, il faudrait
revenir au problème du Bien et du mal et ce serait long.
Je dois donc me contenter d'ajouter seulement quelques

mots qui, je l'espère, suffiront très amplement à vous
édifier. Il n'y a pas de *cause* réelle du mal, mais certaines bonnes *causes* et même toutes les causes peuvent
être employées au mal ; en d'autres termes, le mal n'est
pas toujours positivement dans la cause ; *le mal est
dans la volonté de l'intelligence qui, pour faire mal,
met la cause en œuvre.* Le mal n'est pas *mal* pour tous
les êtres, objectivement parlant. Dans la vie inférieure,
chez les animaux, par exemple, le mal n'existe guère.
En se conduisant comme ils le font, on ne peut pas dire
que les animaux font *mal* ; en se conduisant de la même
façon, un homme sauvage ferait déjà grand mal... D'autre part, ce qu'il est convenu d'appeler Bien par nous,
hommes, serait peut-être un mal pour des anges... A
mesure qu'on s'élève dans le Bien, on laisse plus grand
derrière soi le gouffre du mal, comme à mesure qu'on
s'élève sur la montagne, on laisse derrière soi la vallée
plus profonde. Mais le mal n'appartient pas à Dieu, car
il n'a pas d'existence propre. Le mal ne peut pas faire
indéfiniment au mal : ce serait la destruction de tout et
du mal lui-même. Le Bien appartient à Dieu, car on
peut faire indéfiniment du Bien. Le Bien est infini, il n'a
pas de limite, c'est la création même. M'avez-vous compris ?

— Pas du tout compris !

— Vous allez me comprendre. Je vais puiser mes arguments dans un livre précieux intitulé : Traitement mental
et culture spirituelle, de A. Caillet. Voici ce que j'y trouve :

Le mal est une conséquence directe de la loi d'évolution :
c'est, en effet, parce que la loi d'évolution détermine inexorablement le sens direct du mouvement harmonique
ondulatoire, que le mal naît à l'existence instantanément
en représentant le sens rétrograde de ce même mouvement : la dégradation des vibrations de l'être individualisé.
Je pense que c'est édifiant. Avez-vous compris ?

— Pas tout à fait.

— Alors, je poursuis : «Dans l'involution première, le
mal n'existait pas, parce que la projection créatrice se
faisait dans *l'indivision* : il n'a pris naissance que quand,
en période *d'évolution* par individualités différenciées, certaines de ces individualités sont arrivées à *inverser* le

sens du mouvement et à *dégrader* les vibrations dont la *norme* est l'élévation. » Comprenez-vous maintenant ?

— Moins que jamais.

— Ce sera donc à moi de comprendre et de répéter : Parler quand on devrait se taire, c'est de la franchise inutile...

＊＊＊＊＊ ＊＊ ＊＊＊

VIIIe DIALOGUE

Déterminisme et libre arbitre

M. Maté. — Depuis notre dernier entretien, j'ai failli tomber malade. J'ai été pris tout à coup d'un malaise indéfinissable qui bouleversait tout mon être, tout mon *sac*, comme vous diriez vous-même. Ce fut d'abord un sentiment de regret auquel se mêlait la crainte, et, ce qui est plus fort encore : l'humiliation !

M. Méta. — Auriez-vous eu le pressentiment d'un malheur?

— Non, je n'ai pas eu de pressentiment. Ce malaise est plutôt le *ressentiment* d'un fait arrivé depuis longtemps, par ma faute, d'un fait regrettable qui a eu des conséquences désagréables pour moi et... délicieuses pour vous !

— Vous m'intriguez !

— Je dis et je répète que c'est par ma faute, par ma propre faute, je ne m'en prends qu'à moi-même et je fais mon mea-culpa, quoique tout compte fait, j'aurais bien quelques motifs de m'en prendre un peu à vous...

— Je vous en prie, ne me torturez pas davantage ; cessez vos insinuations, précisez vite !

— Vous, vous souvenez de notre premier entretien. Vous m'avez questionné, je vous ai répondu, sincèrement, loyalement, mais aussi sans réfléchir, et surtout sans prendre garde que mes réponses, trop confiantes, forgeaient des armes que vous retourneriez contre moi.

— Quelles armes ?

— Patientez un peu ; encore deux mots et j'arrive au but.

« ...Je suis donc un peu humilié et beaucoup contrit de n'avoir pas su retrouver ma présence d'esprit, chaque fois, qu'en malin que vous êtes, vous agrémentiez vos questions de tournures ambiguës pour provoquer invariablement la réponse dont vous aviez besoin. Oui, je suis humilié, je suis contrit quand je songe qu'un mot, un seul mot aurait suffi pour vous arrêter net, et nous éviter à tous deux plusieurs heures de discussions stériles.

— Dites donc ce mot magique ?

— Déterminisme !

— Ah !... ah !... je comprends... je comprends : Vous n'aviez pas pensé au déterminisme ! Je m'explique vos regrets car, à ce sujet, j'en ai certainement autant que vous !

— ... !!!

— ...Oui, certainement, autant que vous. J'avais en effet oublié de vous le dire . je suis déterministe !

— Hein !... Vous moqueriez-vous de moi ?

— Non, non, je suis déterministe !

— ...à votre manière ?

— Oui, bien entendu, à ma manière : *à la bonne manière!*

— Allons, ne divaguez pas. Après avoir plaidé la cause du libre arbitre, vous ne pouvez pas, sérieusement, plaider la cause du déterminisme ?

— Je le puis !

— Expliquez-vous ?

— Tout de suite, et, vous allez voir : ce sera vous qui fournirez la meilleure explication. Tenez, vous avez devant vous du tabac, du papier à cigarettes et une pipe. Pouvez-vous à votre choix rouler une cigarette ou bourrer une pipe ?

— Je remarque que c'est l'une des premières questions que vous m'avez posées autrefois. J'ai répondu : oui. Aujourd'hui, plus avisé et mieux renseigné, je réponds : Non !

— Puis-je connaître le motif qui vous a fait changer d'idée ?

— Si je roule une cigarette, *j'aurai* roulé une cigarette et jamais personne au monde ne pourra me prouver qu'il m'était loisible, au même instant, de bourrer une pipe. Les choses n'arrivent qu'une fois, une seule fois, entendez bien, une seule fois au même moment. Il n'y a pas de recommencement possible. Me comprenez-vous ?

— Je vous comprends. Vous avez choisi la cigarette parce que vous avez cédé à un désir, à un caprice, à un besoin ; peut-être à un tas d'autres bagatelles semblables qui sont *en vous* et *à vous*. C'est pourquoi je reconnais qu'au moment précis où vous avez roulé la cigarette, il vous était impossible de faire autrement.

— Vous reniez le libre arbitre ?

— Ah ! non, par exemple ! Laissez-moi m'expliquer. C'est un peu ardu, mais tant pis, quand on fait ce qu'on peut...

— ...on fait ce qu'on doit.

— ...et pour faire autant que je peux, je dois, d'abord, vous rappeler notre troisième entretien, vous savez, celui du *sac* auquel vous venez de faire allusion

— Ah ! oui, vous m'amusiez beaucoup !

— Je vais donc vous amuser encore un peu en vous répétant que notre *sac* contient une foule de sentiments et une multitude d'autres choses qui sont à nous, bien à nous, parce que nous avons acquis tout cela *par nous-même* durant le cours de notre présente existence, et même bien antérieurement. En psychisme, les savants ont baptisé cela : le *Karma*. C'est un mot bizarre qui ne vous dit rien, n'est-ce pas ? Moi qui ne suis pas savant, j'appelle cela : le *sac*, c'est plus simple, ça dit au moins quelque chose et tout le monde comprend ! Eh ! bien, je puis vous affirmer qu'à chaque instant, notre *Karma*, notre *sac* si vous préférez, est, de par son contenu, déterminé, déterminant et par conséquent détermine tous nos désirs, tous nos besoins, toutes nos pensées, toutes nos actions, tout, tout tout : toute notre vie ! Notre *sac* contient tout notre passé, tout notre présent, tout notre avenir. En l'explorant, une voyante très lucide s'y reconnaîtrait mieux que dans un livre, pas dans un petit livre de dialogues philosophiques par exemple, mais dans un beau livre, dans un grand livre.

— Donc, une voyante très lucide ne devrait jamais se tromper. Vous savez pourtant bien...

— C'est à cause du libre arbitre !

— Vous me faites mal aux méninges. Concluez, concluez !

— J'ai dit qu'à chaque instant notre *sac* est déterminé, mais à chaque instant nous pouvons, par une volonté forte, modifier son contenu pour l'instant d'après et... Voilà ! le tour est joué, nous faisons mentir la voyante !

— C'est une explication comme une autre, au fait que les voyantes disent si peu de vérités, mais cela n'enlève rien à la fragilité de votre raisonnement. Si j'ai bien compris, vous convenez que le déterminisme existe, mais vous prétendez qu'on peut le modifier par la volonté. En général, la volonté préside à toutes les actions, et alors que devient votre déterminisme ?

— N'allons pas si vite. Précisons d'abord de quelle volonté vous entendez parler.

— Y en aurait-il plusieurs ? Ne recommencez pas, je vous prie, vos détours habituels pour vous tirer d'embarras.

— Sans embarras et sans détours, je vous dis ma pensée. Il y a deux sortes de volonté : la volonté *déterminée* et la volonté *déterminante*. La première, notre *sac* l'impose et nous la subissons ; c'est la volonté simple des occupations ordinaires : aller, venir, manger, boire, se promener et cætera ; c'est, en un mot, la volonté de faire tout ce qui est nécessaire ou agréable au corps ou à l'esprit.

« La seconde, nous l'imposons à notre *sac* et lui-même doit la subir *en se modifiant*. C'est la volonté forte (2e puissance : V₂ ou volonté de la volonté) capable de commander à la volonté *déterminée*.

« Tous les communs des mortels possèdent la volonté *déterminée*. Seuls, les hommes supérieurs, les esprits d'élite, possèdent cette volonté forte qui fait le libre arbitre : *la volonté déterminante*. Ainsi, pour vous et pour moi qui sommes des hommes ordinaires, des esprits vulgaires, le déterminisme est certain.

— Vous me trompiez donc, lorsque dans notre premier entretien, vous affirmiez que moi et vous étions libres ?

— A ce moment, je faisais une hypothèse, je supposais que nous étions deux hommes supérieurs, deux esprits d'élite.

— Et à présent vous estimez que nous sommes deux imbéciles !

— Allons, vous voulez me faire dire des bêtises, vous voulez me faire compromettre...

— Je vous rends votre monnaie !

— Je l'accepte, à quoi bon vous en vouloir, vous êtes *déterminé !* J'espère cependant que vous ne le serez pas toujours.

— Je le serai toujours et vous pareillement. Pour prouver le libre arbitre, il faudrait trouver des *commencements absolus.* Or, jusqu'à présent, aucun philosophe n'a pu trouver des *commencements absolus.*

— Chercher des commencements absolus, c'est comme si vous cherchiez le moment précis où commence le jour et où finit la nuit (1). Pourtant, le jour a un commencement, la nuit a une fin.

— Le jour, la nuit, ça tombe... sous les sens, ou tout au moins *sous le bon sens.* La volonté c'est une autre affaire. Tenez, où commence votre volonté *déterminante,* où finit votre volonté *déterminée ?*

— C'est clair comme le jour, limpide comme l'eau de source ! La volonté à laquelle on obéit, passivement, par goût, par besoin, par habitude, par plaisir la volonté de notre *sac,* voilà la volonté *déterminée.* L'autre, la volonté forte, la volonté *déterminante* commande notre *guenille...*

— Jolie variante !

— ...notre *guenille* de *sac ;* elle commande toujours et n'obéit jamais.

Le libre arbitre n'existe que par la volonté forte, la volonté supérieure de faire le Bien surtout lorsque ce Bien ne peut se faire qu'au prix de dévouement, de sacrifices et de souffrances. Poursuivre un but louable, et pour l'atteindre, endurer toutes les peines, souffrir tous les opprobres, verser toutes les larmes et persévérer quand même, ça, oui, c'est de la volonté forte et c'est du libre arbitre !

— Vous voulez dire qu'on est libre de faire le Bien, mais qu'on n'est pas libre de ne pas faire le mal ? Les criminels seraient donc irresponsables ?

_____

(1) 4ᵉ dialogue.

— Ne dénaturez pas le sens de mes paroles. J'admets que certains criminels sont des automates, et par conséquent moins responsables que certains autres qui agissent par la volonté, mais comme le déterminisme n'exclut pas toujours la responsabilité....

— Ah !... on est coupable d'être déterminé, n'est-ce pas ! Un loup vous dirait que l'agneau est coupable d'être un agneau !

— On est coupable d'être déterminé si... *on est mal déterminé !* On est toujours responsable de n'avoir pas fait usage de son libre arbitre pour se *polariser* dans le Bien.

— Le libre arbitre doit permettre aussi de se *polariser* dans le mal.

— Évidemment, mais on est alors deux fois responsable et deux fois coupable.

— Vous trouvez des responsabilités partout. Décidément il n'y a plus moyen de vivre tranquille.

— Si, un moyen existe : *polarisez-vous* dans le Bien !

— Ce n'est guère attrayant et c'est fort difficile.

— Au contraire, c'est d'un charme infini et il n'y a rien de plus simple. Jugez-en plutôt : *On se polarise dans le Bien chaque fois que par un effort de volonté on arrive à se vaincre soi-même ; on se polarise dans le Bien, en luttant, en souffrant, en pleurant...* Ainsi, par un effort de volonté, je puis pleurer quand vous me faites rire...

— Je préférerais rire quand vous me faites pleurer.

— Vous tenez donc beaucoup à gaspiller votre *Karma ?*

— Mon *Karma* est déterminé, quoi que je fasse, il le sera toujours.

— Le mien aussi, est, à chaque instant déterminé, mais — je vous le répète, — je puis à chaque instant le déterminer un peu pour l'instant d'après, me comprenez-vous ? J'attelle les bœufs devant la charrue et non la charrue devant les bœufs.

— C'est-à-dire que vous déterminez vous-même votre déterminisme ? Je vous en prie, pour aujourd'hui, ne déterminons plus rien...

— Vous avez raison. Il ne faudrait pas que ce dernier entretien fut la cause déterminante... de notre folie !

— Nous sommes fous depuis longtemps, cher ami ! En voici la preuve : nous philosophons !

— C'est la première fois que nous tombons parfaitement d'accord. Aussi, ne gâtons pas ce plaisir, restons-en là et... amen !

AVIGNON D. SEGUIN.

Aux Editions des Bûcherons

Déjà parus

Maurice BONNARD :
L'Entrevue un acte en prose — (Epuisé).

Henri BECRIAUX :
" *Par un soir de Carnaval*, fantaisie en un acte en vers.
Une plaquette........................ **2 fr.**

A propos impromptu, boniment rimé.
Une petite plaquette................... **0 fr. 50.**

Pour paraître :

www.ingramcontent.com/pod-product-compliance
Lightning Source LLC
Chambersburg PA
CBHW060611100426
42744CB00008B/1387